ORIGINAL POINT PSYCHOLOGY | 沅心理

楊定一

The Middle Way

走向心的道路

Spiritual Path of the Future

[美] 杨定一 / 著

华龄出版社
HUALING PRESS

北京市版权局著作权合同登记号 图字：01-2025-2462 号

图书在版编目（CIP）数据

走向心的道路 / （美）杨定一著. -- 北京 : 华龄出版社, 2025. 8. -- ISBN 978-7-5169-3048-9

Ⅰ. B84-49

中国国家版本馆 CIP 数据核字第 2025UF7925 号

策　　划	颉腾文化		
责任编辑	貌晓星	责任印制	李未圻
书　　名	走向心的道路	作　　者	［美］杨定一
出　　版 发　　行	华龄出版社 HUALING PRESS		
社　　址	北京市东城区安定门外大街甲 57 号	邮　　编	100011
发　　行	（010）58122255	传　　真	（010）84049572
承　　印	文畅阁印刷有限公司		
版　　次	2025 年 8 月第 1 版	印　　次	2025 年 8 月第 1 次印刷
规　　格	648mm × 910mm	开　　本	1/16
印　　张	14.75	字　　数	180 千字
书　　号	ISBN 978-7-5169-3048-9		
定　　价	89.00 元		

缘起：为什么写《走向心的道路》？

我认为，古今中外的大法门，包括佛教、基督宗教、古希腊哲学、老子、儒家所留下的智慧，都可以总结成“The Middle Way”或“中道”，也就是走向心的道路。

我常将这样的智慧称为妙胜智（Noble Wisdom），意思是胜过一切知识与分别的智慧，而是未来的人最高的智慧法门。

这样的妙胜智，我也常会说是弥勒佛–基督意识（Maitreya-Christ Consciousness）的科学，有时也说“唯识”（只有意识 Consciousness-Only）是未来的弥勒佛、基督所要表达的中道。

中道所带来的汇总，我认为是现代人最需要的，为我们在相对的人间和绝对的真实之间，站稳一个符合真实的平衡点——从真实看着人间，知道眼前在变化，但不被现象随时带走。

过去，我通过“全部生命系列”建立一套现代人可以接受的逻辑和词汇，来表达——我们在相对的人间想要追寻绝对的真实，也就是一般人所说的修行，这观念和事实是刚好颠倒的。我也用科学的语言来说明唯识，用全人健康的观点来说明如何从身到心、从心到身各层面着手，净化脑海和身心。

对一些朋友，这些说明为他们从理论到实务的层面做了一种全面的整合。但我想这并不是我个人的功劳，过去的大圣人早就将一切说得清清楚楚，最多是我们自己不懂而错过了重点。

这一次，将中道用现代的语言，按照弥勒佛和基督的意识来解释，是我这本书想带出来的。也许有些朋友会以为这本书要为古人的学问做一个大整理，但其实不是。我会投入全部生命观念的推广，包括这里所谈的妙胜智、唯识、中道，并不是为了整理古人说的话。这种整理，坦白说，有人类以来从没有缺少过。

而且，一套系统如果贯通无碍，表达起来应该是简单明了到连小孩都能懂，只是过去的学者所整理的并非如此。历史上有名的两位印度学者无着（Asaṅga）和世亲（Vasubandhu）兄弟，一般人都认为他们对于将弥勒佛的系统打开很有贡献。但我从自己的体会来看，总觉得他们的作品对这样一个清晰明白的系统并没有真正地理解。是这样，我才会着手创作全部生命系列的作品，一方面希望将古人的系统做一个清楚的交代，同时也对我个人的经过做一点解释。

我从小就投入宗教和心灵的层面，除了自己有兴趣，更因为我母亲的生活态度带来一种神圣的空间，让我可以浸润在里头，可以深入。很早，我就发现自己有很深的体验，而这些体验，我从来没有听过其他人谈。跟我同年龄的孩子不会提起，大人也好像完全体会不到。

我曾经在《奇迹》谈过接触大圣人作品的一些经过。这些经验就像法文的 déjà vu，意思是好像从某一个层面，我老早跟他们接触过了。

这些经历和体会当然让我好奇，而想找各式各样的经典，希望得到一些说明和指南。六祖、释迦牟尼、耶稣、老子、孔子、苏格拉底、巴门尼德……东西方主要哲学家和思想家的作品，就好像一本又一本的使用手册，提供了根据、说明和验证的方式，让我可以解释自己的体验。

这样的经过，一般人大概会称为修行。然而，对我来说，并不是通过修行去修出什么成果，也不是通过经典去理解什么我不知道的。修行，是让我进行一种反复或反向的工程（reverse engineering）——解开过去的经验，看清机制，让领悟稳定下来。在验证的过程，我感觉到过去的大圣人和我们并没有什么不同。最多只是后来的人随着所谓的进步，反而失去这方面的体验和领悟，把传承失掉了。

从亲身的体验，我对大圣人有一种无限大的感恩。他们早就勾勒好蓝图，我能读到并体会到他们所说的，内心是满满的喜悦。如果没有他们留下来的参考资料，这一生，或许会再一次白白度过。

也因为如此，我对**中道—站在真实看人间，站在本质看现象**——是特别重视，知道这是大圣人留给未来的人的指南，让我们可以走到底。至于这个底，就看个人的体验和成熟度。最重要的是，从眼前开始，一路走下去。

在这本书，我不打算拿过去释迦牟尼讲了什么、龙树菩萨又怎么说……做一种系统性的解说。过去早有许多学者这么做，他们分析圣人的话，建立一套或好几套理论。但这些，我个人并不感兴趣。反过来，我想切入的是——古人的智慧与我们自身的体验和领悟有什么关系。

这里分享的只是一点我个人的体悟，再用现代的语言稍做整理。虽然多少会提到一些古人的重点，但最多是简单的总结。毕竟我们若真要用学者的角度去进行，那是怎么也读不完、讲不完、学不完的。

另一个写《走向心的道路》的动机，当然离不开个人的亲身经历。人，难免遇到一些难关和障碍，而浓厚的忧郁与痛苦怎么也不会消失。幸运的是，在生命最困难的时候，我仍然没有失去对真实的信心与诚恳心，在完全臣服的心境下，总是感觉自己仍然在和过去的大圣人对话。

弥勒佛、基督、释迦牟尼、老子、六祖、拉玛那·马哈希（Ramana Maharshi）、圣日尔曼（Saint Germain）、苏格拉底、巴门尼德、巴巴大师（Babaji）……他们都在我最困难时，通过各种化身来到我面前，让我在痛苦中仍然觉得他们就在身边。

圣人的化身不断把我带回到哪里？他们从不同的角度、不同的层面，将我带回中道。就这么简单，却让我一生受用无穷。对大圣人，我的心充满无限大的感激。他们为我创出神圣的空间，而我个人的领悟，也就是中道。

——

这本书，我也希望带入一些练习。形式和过去的练习是类似的，最大的差异在于将这些练习与中道做更深的整合。①

我的重点还是从个人的体验出发，既然如此，思路不会像纯理论的作品那么严谨，而是这里谈一点，那里点一下。会采用这种从经验出发的写法，主要还是希望可以带来一种导览和指南的作用，指出一条人生的出路。

尤其在这时点，我们生在最发达的时代，却又可能遇上最大的混乱，这个局面是人类累积的聪明难以面对也难以解决的。激烈的动荡很可能持续十年以上，为人类社会带来很大的整顿。

面对人类存在的危机，我认为中道是最实用的工具，为自己准备迎接下个阶段到来之前的大危机和大破坏。当然，人间的一切是无常。危机、破坏甚至毁灭是早晚的事，只是周期的一部分。说到底，没有什么独特的。

在此，我希望能用最诚恳的方式，重新介绍中道的理念和方法。但愿通过这最简单而最古老的切入点，在这不稳定甚至无常到极端的过渡期，用中道帮助我们把自己的路找回来。如果有幸，我们不光可以守住自己，也保护了地球，甚至能影响宇宙。这样子，或许这地球

① 在书里的练习是通过文字来表达，对于可以专注的朋友，阅读本身就是一种静心。过去几年，我通过每年一两个月的共修，将内心浮出来的分享录下来，陪伴许多朋友在生活里去静心、去练习、去体会，几年来不知不觉已经累积出几百个小时的“有声图书馆”。现在回头看，这些录音完全可以配合《走向心的道路》，从声音和文字的路径切入，陪同我们走上中道的旅程。

还有一丝希望，不会被大多数人的无明和少数人的贪嗔痴所毁坏。

连同《真原医》《静坐》一并算下来，《走向心的道路》是我个人第 30 本中文书，我总感觉它带有特别的意义。

在我心中，《走向心的道路》和《我是谁》《时间的陷阱》《无事生非》几本书是平起平坐的。《我是谁》只是很小的一本书，但在全部生命的观念里有中心的地位，而篇幅大一些的《走向心的道路》也是如此。这些作品虽然接触的人还不多，但我认为未来会被当作是一个修行的指南。

这次，能有这样的机会和荣幸，把古人留下来的宝藏，尤其中道传递下去，也许我这一生可能不算白来，而可以有一点安慰。

目录
CONTENTS

01　中道，是未来的心灵科学

我原本是医师，很年轻就投入基础研究。从科学的背景出发，谈中道，可能跟一般以哲学或宗教为主的思路很不一样。

最不一样的是，我认为走到最后，科学、宗教、哲学跟任何领域都是一致的，不会再有领域或学科的区分。区分是人的头脑不断地运作，不断地分别，认为领域和领域不一样。然而，种种分别都是一时的。走到最后，全部会合一。也就是说，医学不离哲学，哲学不离科学，自然科学也不会离开人文社会科学，都是几面一体。

从我的角度应该有一个领域、一个观念、一个共同的联结可以把全部贯通起来，把人类的智慧连起来。这样的联结，就是中道。

中道，是所有大圣人领悟真实后对人间的表达，是**站在真实看一切，不会落在人间的任何一个极端**。从人间来看中道，也会认为反映出一种**中立性**。最重要的是，这种中立性是完全在真实，不落人间。不是极端，也**不是人间的平均值，更不是人间的普通或平庸**。而中道既然反映真实，也就足以作为一个关键的联结，贯通全部的智慧。

我一开始就提到，中道是唯识的工具。未来佛、未来的基督不会离开科学、医学和人类的任何领域。他们会整合一切，包括不同的宗教。而他们使用的工具，就是中道。

中道，是每个人可以自己验证的。这完全符合科学最严谨的基础之一——重复性。一个原理如果是正确的，我们会在样样一再看见这个原理，而且不只我们，别人也会发现。

当然，刚开始可能只有少数人可以验证，但这方面的发现达到一定的关键量（critical mass）就不一样了。这个原理不会再局限于少数人，不再受民族、文化或文明的限制，而是会普及化，让人认为是理所当然，是生命最普遍的体会。

对我来说，中道一方面既与修行和心灵层面相关，另一方面又是最科学化的。

我非常有把握，通过《走向心的道路》，我们可以帮助自己准备接受未来佛与未来基督的唯识与妙胜智，来面对人类下一个发展的境界，不然我不会出来推广全部生命、唯识与中道。

这些推广表面上好像远离了我过去在医学、科学、教育、企业经营方面的专业，但对我其实没有离开过。我充满信心，明白中道是未来共通的语言，是人类发展的方向。是这样，我才会投入大量的时间与精力，采用各式各样的工具和作品，来进行这项原本难以想象的大工程。

02 历史会重复自己

人类为主、地球为主，是一种自我中心的想象。事实上，我们离不开整体。人类并不是浩瀚宇宙中唯一的存在，不可能不受大环境的影响。

我在《转折点》一书中提过类似的观念，用气候变迁来说明不光是人类活动会影响气候，更大的波动例如太阳周期、宇宙射线也在作用，甚至影响更大、更深远。气候变化、太阳黑子、地震、火山喷发、冰河沉积等自然现象有它们的模式，而人类历史也无法免于自然转变的影响。我们去比对人类历史，不光华人的朝代，世界主要文明更替的时机都和冰河期、天灾、饥荒脱离不了关系。

一切都有模式可循，就连人自认独一无二的个性也离不开固定的几组人格类型。现代人很熟悉的 16 型人格，即从心理学家荣格的理论中衍生的 MBTI（迈尔斯–布里格斯类型指标）心理测验，就说明了无论我们自以为多独特，其实个性都还是落在一些重复的模式中，完全是预测得来的。

我在洛克菲勒大学的同学萨波斯基（Robert Sapolsky）是神经内分泌学专家，在非洲长期进行灵长类动物社会行为观察。他用非常生动的方式来说明压力反应，写下畅销全球的科普书《斑马为什么不得胃溃疡》。2023 年年底，他从生化研究的角度出发，完成了新的作品《命定：没有自由意志的科学》（*Determined: A Science of Life without Free Will*），主要观点就是“一切都是注定的”。

命定或注定，只是不同的翻译，意思是“早已决定”。然而，他所侧重的和我在全部生命系列中想表达的并不在同一个层面。萨波斯基讲的注定偏重生命的物质层面，用生化反应的路径来说明生物的“动”离不开最根本的化学和物理机制，并通过基因的遗传将所有可能的动态和变化写在细胞里，而在环境影响下有不同的表现。我所谈的注定，则是在比物质更微细的层面，也就是在意识的层面，一切早已注定。

注定，是我们发展心灵路上非常重要的观念。我会在后面进一步讲述。

过去有两位美国作家史特劳斯（William Strauss）和侯伊（Neil Howe）写过一本书 *The Fourth Turning*（暂译《第四度转向》），用四季变化来描述人类社会的转变。在社会、政治和经济“气候”的影响下，大约 21 年算一个世代。百年左右会有一个大周期，就像四季周而复始。

人类熬过肃杀寒冷的严冬，面对眼前正要发出的新芽，心中充满理想，祈盼一切都会好转，社会也逐渐繁荣起来，这就像春天和夏天。接下来，对于现况的不满逐渐浮现，社会与个人的价值观念不一致的情况愈来愈强烈，就像大自然进入秋天，一点点出现衰败的征兆。最后，重大危机再次浮现，来终结这个场面。重大的危机可能是灾难或战争，例如当年的第二次世界大战、美国的南北战争。旧的秩序、结构被破坏殆尽，就像冬天了无生机。

他们的“史侯世代理论”认为人类历史就是这样周期性的循环，而现在的处境已经走到冬天，充满动荡和危机。我们身处其中，每个人可能都感到前所未有的孤寂。环境越混乱，人越想走自己的路，只依循自己的指南针和方向，不想迎合别人的眼光。

破坏到了最深的程度，面对满目疮痍，人类只好让一切重新来过。然而旧秩序的破坏，同时含着新局面出现的可能。如果地球面临一场全球性的危机，比如核浩劫、外星生命到来、全球火山连续爆发……国家、个人、文化、派系之间再大的分歧都会显得微不足道，从而可能消除过去的隔阂，展开新的合作和理解。

谈到未来，许多人还是乐观的。特别是新时代的思想，几十年来都在说未来是黄金时代，就连我自己也说过“启蒙的黄金时代”或“黄金光明盛世”（the Golden age of Enlightenment）。没说的是，黄金时代前会有大乱甚至灾难。我们所在的宇宙，从太阳、银河系乃至遥远的星系会受到各种影响，包括剧烈的辐射变化。这种宇宙量级的动荡，人类这么渺小的存在不可能不被波及。

现在全世界看起来正处于高度紧张的状态，好像到了历史周期的秋冬，无论是自然界还是人类文明，旧秩序眼见随时都会崩坏。住在北美洲的人，都会注意到这些年加拿大和美国火灾频发，好像最稳重的山林也镇不住地底闷热的骚动；亚洲和欧洲要不在打仗，要不就在战争爆发的边缘，反映既有的势力也到了不惜代价要改变的临界点。越来越多的人意识到这会是灾难的十年或二十年，而我们有些人可能在有生之年亲眼看到世界极大的转变。

在 20 世纪八九十年代那个看起来美好、一切都往上走的时代，美籍日裔学者福山（Francis Fukuyama）认为人类历史已经抵达发展的巅峰，而西方当时的制度就是人类长期寻求的解答，不可能被超越。当时不只他这么认为，在时代乐观的气氛下，还有其他人提出“科学的终结”“医学的终结”等类似的概念。但现在回头看，这些“终结”不光显得天真，甚至可笑。

像当代的社交媒体和科技对言论自由和人心的影响，都是福山当时难以想象的。特别在言论自由的层面，社交媒体让每个人都有自己的发声渠道，可以得到一群听众互相交流，好像个人表达的权利达到前所未有的高峰。只是同样的技术进展，固然让个人的话语权最大化，却也可以变成监控、审查、压制言论自由的工具。至于表面没有压制言论自由的地区，近乎不受控的言论也会反过来引发另一种现象——

人对彼此产生反弹。

我们可以说这是一种物极必反，脱不开一种周期的作用。通过大量交流，人会发现自己的想法和感受跟别人并不一致。这使得人开始内向，变得孤立。美国学者帕特南（Robert Putnam）在 *Bowling Alone*（暂译《独自保龄球：美国社区的崩溃与复兴》）描述过——连打保龄球都宁愿一个人去进行。精神科医师派克（Morgan Scott Peck）的畅销书《少有人走的路》（*The Road Less Traveled*）也探讨过这种集体的心理变化。近年在东亚更是出现了年轻人只愿意最小范围地活着，能不接触社会就不接触的“宅”或“躺平”等现象。整体看来，很多人的注意力往内转，变得孤独。是这样，我才会进行全部生命系列的写作。

回到我们的主题：既然一切是无常，历史会重复自己，我们又该如何因应？明白了历史自我重复的模式，我们会发现未来的答案要往过去找。

我认为最有意思的是，哲学家停留在现象的描述却不提供出路，让我们即使花一生的时间去读数不清的哲学作品，也可能找不到答案。

但哲学家给不出的解决方案，往往在宗教传承可以找到，尤其是亚洲、中东、古希腊等地的传承。为什么我要提出弥勒佛–基督意识的妙胜智？因为我们可以从中找到一个全面的解决方案，而且出自一个未曾中断的传承。在所有的解答里，中道一直在等着我们，它是全部大法门的总结，是心灵修行的汇总。

我们正处在一个充满危机、灾难和转折点的时刻，人类历史、太阳系、银河系、宇宙的周期循环都到了一个大的合相点（great conjunction）。我认为时机正好，所有条件都齐了，准备让我们彻底进行内心的转变。

中道，本身可以给我们一个缓冲，帮我们争取时间。从中道再延伸到任何法门，则是很自然可以做到，也是最顺的方式。

03 最古老、最完整的心灵传承

从我的角度来看，全球文明最古老的心灵法门或传承，无论起源地在中国、印度还是中东，都与中道有关。就连后来的不二论，一样离不开中道。

前面提到，**中道是站在真实面对世界**。哲学家对真实与世界、绝对与相对的关系有许多探讨和诠释，但通常不提供解答。寻求解答的过程一般被归入修行的领域，而被宗教和心灵领域的圣人传承下来。

在宗教和心灵执行的领域，中道的中立性反映在两个层面：一个是臣服，也就是把自己交给更大的力量、更大的智慧；另一个是观、观察、见证，或说参。

我们臣服到底，什么都可以接受，或什么都可以交出去，也就可能发现臣服到最后还有一种根本的、源头的聪明（Source Intelligence），也可以说是一种本能。我们清清楚楚落在这本能、落在这观察的机制——就叫作参。这也是六祖当时讲的禅、印度不二论谈的 Self-inquiry。

释迦牟尼的止与观，也是一样的。观察到最后，我们自然会臣服。我们集中注意力，也能专注到入定。最后，我们与这个最基础的本能合一。然而，我们的注意力稍微有一点摇动，从意识中延伸出来一点点，那时候就连最小的动态也会非常清楚。我后面会用“在的瑜伽”来解释。最清楚的时候，看得一目了然，就知道从这最根本的本能中延伸出来的一些化身或现象，我们自然走上参的轨道。

在执行的层面，再具体一点来谈也就是我们**通过每一个念头、每一个观察、每一个觉察不断回转到自己。**

我们用五个感官的**觉察**，加上**感受**、**念头**，三者合一，可以为自己描述出全部的现象世界，而且对样样得到一些解释。然而，这些机制和产物仍然是外在，就连我们一般人认为在内心的感受和念头都是外在，都不是真实的自己。

懂了这一点，我们很容易彻底想通，没有顾虑，将注意力全部回转到自己，回转到内心，回转到没办法再回转的地方，也就滑回根本的聪明。

这个机制，在弥勒佛的大系统里，会再加上一点**正向的回转，或说友善的中立性**，安慰头脑和身心，让人可以欢喜地进行。这就是我们在讲的中道。

中道，不是在现象和人间，不是在这有限、二元对立的轨道，而是在无色无形、永恒、无限大的轨道。

接下来，我先带出一个中道的练习。

我们的练习是很简单的，不讲究一定要用什么姿势或限定什么时间，最重要的是以一种最放松、最适应的状态来进行。

首先，找个舒舒服服的姿势，坐着躺着都可以。身体放松，我们把体重沉下去，让下方的支撑浮上来，就好像跟下面的座位、床、沙发或地板、地毯做一种交换。

无论交换的是什么，也许是能量，也许是一种安全感，也许是一种休息的感受……我们都可以用一种欢迎、肯定、友善、感恩的态度来接待它。

心里有杂念，一样友善地接待它。

感觉到一种膨胀感，也友善地接待。

体会到呼吸，体会到身体的动，我们知道，也友善地欢迎它。

无论什么来到眼前，来到心中，让我们都注意到，最多用一种友善的肯定来接待，来欢迎，来感恩。

任何念头，任何动态，包括呼吸、身体感受、气流或光流带来的动态，我们都可以用快乐的态度来接待。

就是连念头、感受都没有了，通过每一次呼吸，我们依然可以活出快乐，让这种快乐和友善贯通一切。

到最后，我们根本连练习都懒得做，连注意到这个现象或那个现象都懒得去区分。不知不觉，也就从注意进入观——中立的观，直接的觉，单纯的在。

我们懒得知道身体中有没有气流或光流，懒得去管有没有呼吸，懒得注意身体有没有畅通。意识到任何变化，我们最多是回到觉，回到自己，回到心。

说回到心，也不是有个中心在观察，在体会。我们可以把最后一点紧张都消除，让它轻轻松松扩大，放松，消失。

过去，我们站在无明，随时有什么值得去注意，而且好像有一种聪明、一个主体在观察世界，衍生好多的因–果、观念、人生的剧本、修行的步骤……

我们通过友善的观，也就是友善的中立性，只是又快乐，又舒畅，又放松，随时自在，活出臣服。

臣服，最多只是轻轻松松同时清清楚楚，随时肯定真实。人间的现象随时在动，随时在改，随时在变，只有不生不死的真实永远是一样的。

我们站到这种角度，会发现重点不是观什么，不是接待什么。这个，已经模糊了，不重要。无论面对什么，我们都只是通过一种友善的中立性，也就是用中道来接待。

我们在最安静的时候，突然体会到还有一点主体在观、在接待、在欢迎、在肯定、在感恩。这个主体是什么?

无论有没有一个问的形式，注意自然会回到这源头。停留在这里，就是参。

有念头，我们只是轻松回转，到这个没办法表达、不知道又没办法消除的什么。我们只是臣服到它，快乐地交给它，与它合一。

这是这一生真正靠得住，随时都在的。人间任何事物不可能永恒。所有现象都是无常，会出现也会消失。只有这唯一的源头，我也称它为觉、在、观，是真的，而且能永远陪我们一起走下去。

04　释迦牟尼珍贵的发现

接下来，我可能需要再把古人的观念稍微打开。我们懂了中道，随着个人的体会和领悟不断加深，回头看，会发现圣人早就为我们做了非常彻底的整合，而这些整合离不开中道，是站在真实看一切。

要谈中道，我们不可能不谈到释迦牟尼的观点。

在弟子留下来的记录里，释迦牟尼首先分享自己的经历。他本来是王子，过着充分体会贪嗔痴的人生。无论生活的舒适还是男女的享乐，他想要多少就可以得到多少，甚至多到将时间占满，淹没全部的注意力。

突然间，生命给了他一个缺口，让他意识到这些人间的喜乐不会给他永恒的宁静、无条件的快乐、跨越时－空的平安。

他开始过相反的生活，将人间的快乐完全断除，不让自己得到一点身体的舒适，甚至连最基本的需求都不去关注：不让自己饮食、活动、睡觉……好像在用各种苦修惩罚自己，逼自己完全把身体丢掉。

后来他发现，即使通过人间难以想象的苦修，静坐的功夫到了最高的无想定（无思无想的三摩地 *nirvikalpa samadhi*）而得到超越的体会，仍然是一种人间的成就。既不是永恒，也不是无条件，和过去身体层面的快乐本质上是一样的。

在人间，释迦牟尼将享乐和苦修的两个极端都经历了，都不是真正的平安，真正的涅槃。不知不觉间，他发现好像还有一个真实，不落在人间的两个极端，也不落在人间的任何一个现象。它在世界之外，没有接轨于相对的轨道，是一个超越的观念。这就是我们这里谈的中道。

释迦牟尼成道后最早的几次分享，反映他真实的领悟以及将这些领悟和人间接轨的尝试。他为眼前的人，将人间修行的经过归纳出苦、集、灭、道这四个基本的机制，后来的人称之为“四圣谛”。

换句话说，人生充满了“苦”，包括生老病死、爱别离、怨憎会、求不得、五阴炽盛，而“苦”的本质是无法避免的。“苦”的来源即“集”，是人的欲望与执着的总和。烦恼与贪爱让人持续轮回，有生有死。若将“苦”的可能性消除（灭），断除烦恼和欲望，人可以达到涅槃，脱离轮回，而方法就是“道”。

从四圣谛的道谛，释迦牟尼再进一步打开具体的修行方法，也就是后来的佛教徒熟知的八正道，包括正见、正思维、正语、正业、正命、正精进、正念、正定——站在真实，有正确的理解和观念、正确的想法和思维、正确的语言、正确的行为、正确的生活态度、正确的努力、正确的专注、正确的禅定。

释迦牟尼在醒觉后最早的分享，通过八正道已经在谈执行的层面。除了正确的理解和观念、想法和思维、语言、努力、专注与禅定，更离不开正确的行为和生活态度，也就是波罗蜜（*pāramitā*）。后来流传的论述，像小乘佛教、南传佛教讲正业（正确的行为），大乘佛教、汉传佛教强调六度（布施、持戒、忍辱、精进、禅定、般若智慧；小乘则有十波罗蜜）也离不开行为。

我们的修行走到最后，如果无法从行为上表达自身的领悟，那也只是在头脑的逻辑里打转，充其量是理论层面的领悟。

有些朋友会将理解和观念特别独立出来，赋予其独一无二的重要性，认为最单纯的真理只需要重视正确的理解。然而我们现在回头看，就连释迦牟尼醒觉后最新鲜的表达，都没有小看正确的行为（正业）

的重要性，而不是只谈理解和领悟。

通过四圣谛、八正道，释迦牟尼归纳个人醒觉之路的路标。通过中道，谈的则是一个人站在醒觉、站在真实时，会怎么看世界，而看到的世界又是什么。

释迦牟尼谈波罗蜜到最后，更点出般若波罗蜜（*Prajnaparamita*），也就是智慧的重要性。华人不见得知道《大般若经》（就算知道也可能因为篇幅非常长，很少人有机会读完），但一定知道《心经》和《金刚经》，甚至会把它们当作每天朗诵的功课。

这两部经都是《大般若经》的浓缩，强调"空性"的观念——《心经》提出"色即是空，空即是色"，而《金刚经》强调无住生心，彻底破除一切执着。这些教法成熟到一个地步，连一点点都不让我们去抓——没有什么正确的看法，也没有什么正确的念头。一切——空与有，是两面一体，没有什么叫作人间所讲的空。人间所讲的空，是一种人为的观念，是头脑的产物，是人做出空或有的分别。

释迦牟尼到最后所谈的，就是中道。他所讲的不在这世界，不在人间，不在这相对的层面，而是在绝对的层面。

也就是我一再说的，从真实，看着人间。

05 《心经》的汇总

中道，站在真实看着人间，一切没有矛盾。在人间，没有任何一件事非怎样不可。绝对的真实，和人间的种种现象没有任何冲突，但它又在不同的意识轨道，不是我们通过现象的世界可以去取得、去掌握。

这一点，道理非常单纯，但对于认定现象世界就是唯一的头脑，可能非常难懂。这时候，与其想不通，我常常跟朋友说，不如一起轻轻松松读《心经》。

《心经》260字，是释迦牟尼留下来的《大般若经》最核心、最浓缩的一部经，将不同的意识轨道表达得清清楚楚，可以说是中道最单纯的汇总，也为人间所有的修行，包括佛教、道家、儒家、古希腊哲学、印度不二论等做了一个大的整合。

30多年前，我在纽约时常见到圣严法师。他在皇后区一个很简朴的道场带大家念经，办禅七、禅三。身边的弟子有华人，也有美国人。

那段时间，我在中国台湾还没有太重的责任，两人时常在纽约碰面。我也协助他进行一些项目，包括文章和作品的翻译。其中，圣严法师和弟子一起翻译的《心经》，可能是我见过最质朴而优美的一个版本。

这里，我们一起读唐朝玄奘法师的中文翻译和现代圣严法师的英文翻译，也让我做一点个人的分享：

观自在菩萨，行深般若波罗蜜多时，照见五蕴皆空，度一切苦厄。

When the Bodhisattva Avalokitesvara was coursing in the deep Prajnaparamita, he perceived that all five skandhas are empty, thereby transcending all sufferings.

舍利子，色不异空，空不异色；色即是空，空即是色。受想行识，亦复如是。

Sariputra, form is not other than emptiness and emptiness not other than form. Form is precisely emptiness and emptiness precisely form. So also are sensation, perception, volition and consciousness.

《心经》的描述主要集中在五蕴：色、受、想、行、识。五蕴有人译作五聚或五阴，也就是我们在有色有形的世界可以看到的特质，在相对层面累积出来的印象。

色，form，是从知觉得到的信息。

受，sensation，是从身体产生的信息。

想，perception，也就是我们怎么组合这世界。

行，volition，微细的动力。例如念头会浮出来，会消失，有生有死。

识，consciousness，这里所谈的识还不是意识海或最终绝对的层面，而是人间很微细的意识。

说“照见五蕴皆空”，而五蕴所含的范围——色、受、想、行、识，从具体到微细涵盖了现象层面的所有可能，也就是释迦牟尼不让我们的头脑去捕捉任何东西，连一点点意识都不要去抓。最后一点点都要放掉，都要空掉。

一切走到最后是空的，这里的“空”还不是绝对，而是“没有”——假如我们将色、受、想、行、识追根究底，走到最后会发现并没有永恒的本质。既然现象、特质、蕴都是空的，也可以说其实没有现象、没有特质、没有蕴。无论它含有什么意义，含有什么属性或质量，一切都是空的。

一般人会以为，修行就是在有色有形的世界不断地累积努力，而把顿悟、醒觉当作是努力到最后的一种特殊成就。如果是这样，也就很难懂什么是五蕴皆空，甚至完全往相反的方向走——在五蕴的层面不断想抓住一点成就、一点进展、一点悟性、一点境界、一点印象。然而，这只是白费力气，可以说是耽误自己。

我通过全部生命系列的作品不断强调，事实是完全相反——我们在相对（有形有相的世界）的任何作为，无法抵达绝对（无形无相、空）。不是我们去取得“空”，而是“空”来空掉我们。

“空”的双重意思，对于停留在现象世界的头脑，可以说是最难懂的。除了混淆“没有”和“绝对”之外，也往往会把“空”转化成一种空灵的印象，去期待，去捕捉。

我们可以想到的，没有一样东西有什么真实不变的本质。但把它当作“没有”也不正确。一般人讲空，认为是“没有”“不是”——这还是从二元式的观念延伸而来的想象，并不是《心经》后面所谈的空。

释迦牟尼才说“照见五蕴皆空”一切是空，马上就补充“色不异空，空不异色；色即是空，空即是色。受想行识，亦复如是”——全部的有形有相，都是空，但空也可以是满。

“照见五蕴皆空”所表达的正是我们老实修行中道会走到的——简化再简化，把一切人间的标签、头脑的观念摆开，走到最后剩下什么呢？我们臣服到最后，只剩下臣服和参。然后，我们继续臣服、继续参会体会到，首先一切会变成空的，接下来会发现，空还只是真实的一个面向。空，允许有。空和有，是两面一体。

舍利子，是诸法空相，不生不灭，不垢不净，不增不减。

Sariputra, this voidness of all dharmas is not born, not destroyed, not impure, not pure, does not increase or decrease.

是故空中无色，无受想行识；无眼耳鼻舌身意；无色声香味触法；无眼界，乃至无意识界；无无明，亦无无明尽；乃至无老死，亦无老死尽。无苦集灭道，无智亦无得。

In voidness there is no form, and no sensation, perception, volition or consciousness; no eye, ear, nose, tongue, body, mind; no sight, sound, smell, taste, touch, thought; there is no realm of the eye, all the way up to no realm of mental cognition. There is no ignorance and there is no ending of ignorance, through to no aging and death and no ending of aging and death. There is no suffering, no cause of suffering, no cessation of suffering, and no path. There is no wisdom or any attainment.

以无所得故，菩提萨埵，依般若波罗蜜多故，心无罣碍。无罣碍故，无有恐怖，远离颠倒梦想，究竟涅槃。

With nothing to attain, Bodhisattvas relying on Prajnaparamita have no obstructions in their minds. Having no obstructions, there is no fear and departing far from confusion and imaginings, they reach Ultimate Nirvana.

这是释迦牟尼所讲的 *śūnyatā*（空性），也是六祖在《坛经》描述的发现。首先，他体会到空。这种空是彻彻底底的空，好像脑筋突然劈开了，没有边际，没有界限，就像没有底的洞。

我在《全部的你》《神圣的你》《奇迹》表达过，就好像一个人往下掉、往下滑，没有东西可以挡住。一路空，空到底，这时却发现一切从里面爆发开来。包括万物，包括所有可以想得到、体会得到、摸得到的点点滴滴，都从里头延伸出来。有和空是两面一体——空允许有，有也含着空。

人毕竟是局限组合的，头脑也是局限，面对真实难免要抓一点观念、捕捉一些看法，释迦牟尼干脆用各式各样的方式来表达——色也是空，空也是色。到最后，空也是有，有也是空。

尽管空跟有不在同一个轨道，然而在另外一个轨道的空也可以延伸出一切，所以也没有矛盾。这种表达，让我们的头脑没有地方可以脱身，没有地方可以再贴上一个标签。头脑没办法运作，也就逐渐让它的作用消失。

有跟空，是两面一体。既然如此，我们面对一切，其实没有任何一样东西非怎样不可。一切都好、宇宙不会犯错……这些话不光反映个人的领悟，更重要的是，它反映真实。

无论我们怎么去想、去表达，都会发现回到什么？回到一体。

三世诸佛，依般若波罗蜜多故，得阿耨多罗三藐三菩提。

All past, present and future Buddhas, relying on Prajnaparamita, attain Anuttara-Samyak-Sambodhi.

故知般若波罗蜜多，是大神咒，是大明咒，是无上咒，是无等等咒，能除一切苦，真实不虚。故说般若波罗蜜多咒，即说咒曰：“揭谛揭谛，波罗揭谛，波罗僧揭谛，菩提萨婆诃。”

Therefore, know that Prajnaparamita is the great mantra of power, the great mantra of wisdom, the supreme mantra, the unequalled mantra, which is able to remove all sufferings. It is real and not false. Therefore, recite the mantra of Prajnaparamita: *Gate gate pāragate pārasaṃgate bodhi svāhā.*

《心经》最后一段是说，般若波罗蜜多（空性的智慧）的威力超越一切的咒语，足以破除一切苦的根源。我们懂了空性超越的智慧，站在真实看人间，也就是站在中道，明白一切没有矛盾，我们本来就是醒觉，就是解脱，自然会浮出这样的心情："揭谛揭谛，波罗揭谛，波罗僧揭谛，菩提萨婆诃。"这句话，许多朋友都能随时朗诵。但这是梵文的音译，我们能读，不见得知道它的意思。

原本的梵文是 *Gate gate pāragate pārasaṃgate bodhi svāhā*，我喜欢带着朋友朗诵我的英文版翻译——Gone, gone, gone beyond, gone altogether beyond, O what an awakening, Hallelujah! ——解脱了，我们本来就是彻底解脱，完全解脱！多么殊胜的醒觉！一起庆祝吧！

我们一起彻彻底底度过，但其实没有度过什么，是本来就已经度过，本来就已经醒觉，这一来，我们只可能欢喜，只可能让大爱浮出来——**这种庆祝的味道，解脱的气氛，是中道非常关键的特质。**

这一点，接下来我会再展开阐述。

06 弥勒佛的唯识

释迦牟尼在《心经》《金刚经》中的分享既简单又深刻，可以让我们直接体验和验证。

我常提到弥勒佛，许多朋友也在经典中读过释迦牟尼说弥勒佛是未来的佛。这一点为什么需要特别强调？在此，我也分享一下自己的观点：

释迦牟尼的分享，是从人在世界的存有出发，一点一滴推进——人生是苦，我们要了解什么是苦。然后，苦的来源是什么？是烦恼。烦恼是怎么来的？一步一步地解答，从最粗重的有形有相，走到最微细的无形无相。

到了弥勒佛，他不再重复释迦牟尼所谈的。那是基础，他不再重复了。弥勒佛直接切入“一切是意识”，连物质都是意识延伸的，而且是在意识内延伸，一切延伸的本身还是意识的产物。无论我们用什么方法去衡量，仍然都是意识。一切是意识，出自意识。唯识，从开始到最后——都是意识，也只有意识。

弥勒佛站在释迦牟尼的基础上，用截然不同的切入点来表达——一切是意识为主，是唯识。唯识，也可以说是彻底的中道，彻底站在真实、站在意识看一切。未来的基督也是如此，它会整合所有的宗教与哲学，包括人曾经有过的科学、领悟、机制、学问，全部都整合起来。“唯识”就是弥勒佛–基督意识所表达的中道。

我相信，关于中道，我们可能没有听过这样的整合。

龙树菩萨的《中论》（*Mūlamadhyamakakārikā*），一般被公认是讲中道重要的作品。他在《中论·观因缘品第一》中就用“能说是因缘，善灭诸戏论”对自己论述的出发点讲得非常清楚——他是用一种逻辑的方式，将释迦牟尼早期的分享重新表达，希望能和其他的学派对话。当时，有些派别认为每个人或事物的“小我”还有个本体，而龙树菩萨的目的是表达：连“小我”也空无一物，是空到底。

但我感觉龙树菩萨分析释迦牟尼早期讲的中道，主要是一种学者间的辩论和说服。后来中国西藏和印度的学者对《中论》留下了许多评论和解释，这些论述也大多跟随龙树菩萨的方式，用理性和头脑来分析，将中道变得很理论化。再加上现代人阅读古文普遍有困难，从我的角度来看，这些分析的帮助不大，甚至读懂了还反而可能成为修行的障碍。

谈中道，我需要一再强调的是：中道并不是在头脑的层面取一个中点或平均值，也不是一个妥协。它不是人间的观念，用哲学分析是无法真正理解的。从《中论》衍生的讨论最多只能作为一个理论基础。但这理论基础并不完整，它依赖头脑来理解，而头脑本身也是空的。

回头看，释迦牟尼分享他个人用生命验证的经过，从想要什么就有什么的尊贵王子，到几乎是虐待身心的流浪苦行僧，他两个极端都体验过，然后发现两边都不是——都不是真实。在人间，不光现象的极端不能代表真实，就算将种种现象取一个平均值，或将最偏的极端东折西扣取一个折中，都不能代表真实。

真实，超越一切。中道，也不属于这个世界。

释迦牟尼的伟大之处，在于他从人和世界的角度出发，同时还包括了超越的层面，而且将空性、智慧、般若阐述得非常清楚。弥勒佛更不用说，他所谈的中道，也就是唯识，直接从意识来切入。

唯识，一切都是意识，只有意识，还需要什么额外的声明、额外的修行、额外的存在、额外的理解、额外的开悟、额外的真实？

彻底贯通，也就为我们自己省下无数的工夫。

07　中道，看着人间，不落在人间

中道或唯识为什么那么重要？为什么弥勒佛、基督的妙胜智如此重要？

重点在于，唯识的前提是从意识出发。换句话说，它不是从世界出发，也不是从粗重一步一步走到微细、到没有、到空。它是直接跳到最微细的意识层面，当然，如《心经》所讲的，意识里面还是空。

从唯识的角度来谈，从意识延伸一切，而一切还是在意识内发生，所延伸的全部都是意识的东西。就连我们衡量的工具也还是意识。源头、产物、过程三者是同一个意识，也可以说是三合一。用这种前提来理解，既简单，又有效率，为我们节省了不知多少时间，可能不止一辈子，而是无数辈子。

这样子，我们才有一个很清楚、很明白的基础，可以站在这微细的意识层面上看世界，比较容易理解从里面延伸的现象还是空、还是意识。不然我们反过来从物质层面、密度比较重的层面出发，那是绕不完的。

就像我前面讲的，中道的观念并不是在这个时–空，也不是比较得来的——既不是时间与时间之间哪一个点在比较，也不是空间与空间之间的比较，更不是从空间的一个特殊的点跳到过去或未来。我们用时–空来表达，它的基础永远在浮动，是怎么也讲不完的。

这个时–空的框架是在一个封闭的幻觉里运作，只有通过唯识，我们才突然跳出这个封闭的幻觉。就像我之前用哥德尔定理所比喻的，只有站在系统之外，在更高、更大、更完整的层面看这个世界，看这个时-空，才能跳脱这个封闭的幻觉，省掉一生又一世的时间。

它的出发点完全不同。它的前提站在意识层面，表达的一切也是意识。从头到尾、每一个角落，都是意识。

我才会讲，唯识、中道，可以包容所有过去的大法门。

08 整体包括相对和绝对
Nama, Rupa, Sat, Chit, Ananda

中道，站在真实，也就可以贯通各种古人的智慧。

吠檀多派（*Vedanta*）整合了印度《奥义书》（*Upanishads*）大量修行的经典，对最终的现实、最终的真实有自己完整的表达。它用 *Nama, Rupa, Sat, Chit, Ananda* 从相对走到绝对，来表达整体，表达全部。

Nama 名，是我们为了分别万事万物，而为一个概念、一个人、一个什么指出名称。*Rupa* 形，是形状、形相或是《心经》提到的“色”。而从 *Nama, Rupa* 名和相，自然延伸到 *Sat, Chit, Ananda* 在–觉–乐。

《心经》讲五蕴皆空、吠檀多派从比较具体的 *Nama* 名、名称、标签，*Rupa* 有形有相，讲到很微细的 *Sat, Chit, Ananda*，除了用这种方式来表达现象世界和宇宙，还用 *Brahma* 梵、梵天来表达绝对的层面。梵，相当于造物主、一切的源头，也就是我现在用唯一的同一个意识（One and Only One Consciousness）所表达的。

从唯识的角度出发，就会发现用空和有、有和没有来谈，反而不那么正确。连释迦牟尼都还要去补充空不是没有，而有形有相的也不是有——有，有空；而空，也有有。空和有，是一体两面。

这就是弥勒佛–基督的妙胜智和唯识伟大的地方，站在“一切唯识”的前提，一切都是意识，都是从唯一的同一个意识延伸出来，反而能把所有的说明都包容起来。

我们无论用什么名称去表达，都还是意识所组合的。是在意识内，从意识场延伸的。延伸的任何东西，离不开意识。就连我们要去研究、去衡量、给个名字、下个标签、做比较、当作量测的基准和工具……仍然是从意识延伸，还是离不开意识。

从出发点、工具、过程、数据到结论，全部都是意识的东西，意识的产物。一路都是意识，意识到底。

这就是中道。从意识延伸出来的现象，最多也只是回转到最源头的聪明，也就是意识。我们彻底回转到自己，智慧也彻底打开了。

我们参通到底，会发现《心经》和吠檀多派从头到尾都是对的。然而即使我们还没有参通，光是有这样的信心——对释迦牟尼、吠檀多派和所有的大圣人有信心，而且充满了决心，这一来眼前任何困难都可以当作工具、当作燃料。困难愈大，回转的力量也愈大。

《心经》也好，吠檀多派或过去的大法门也好，我们走到最后，就会走到唯识，走到妙胜智，这就是《心经》和吠檀多派想表达的重点。而这一生，我们也只是等着通过中道来亲自体验这些，但体验的方式不是通过五官、不是一般所讲的“体验”可以捕捉到的。

只要我们采用中道，规规矩矩地走，走到最后，自然会体会到《心经》想表达的。而且这种体会不是一种理论，它就像一道门、一层膜被撕开了。本来我们被遮住，看不到。突然这种隔阂被劈开了，我们体会到从 *Nama, Rupa* 名相到 *Sat, Chit, Ananda* 在－觉－乐完全没有矛盾。

我们走到最后会发现什么都有、什么都没有，而不再需要符合二元式、两极化的限制来帮助自己跳开人间。毕竟一旦跳出来，会发现这是另一个绝对的轨道，而是没办法用语言去表达的。《心经》所讲的“色不异空，空不异色；色即是空，空即是色”，吠檀多派讲的 *Nama, Rupa, Sat, Chit, Ananda* 是最自然的后果。从最粗重的相对，到最微细的绝对，一点矛盾都没有。

过去的顾虑，也全部消失了。

09 苏格拉底辩证法、*Neti Neti* 到中道

真实是相通的。西方的圣人像苏格拉底（Socrates，公元前 470 年—前 399 年）所谈的也离不开中道，离不开真实。

有一个现象相当普遍，圣人体悟了真实，明白语言和文字最多是真实苍白的影子，没有什么代表性，当然不会着重于留下作品，最多是对身边的人做一点当下的提醒。但弟子还是会试着去抄写、去记录、去传话，也就不免将真实落在各自理解的范围。

苏格拉底没有自己留下作品，我们现在所知道的，包括他是怎样的人、说过什么话、用什么方式引导学生……都是通过他的学生柏拉图（Plato，公元前 429 年—前 347 年）和色诺芬（Xenophon，公元前 427 年—前 355 年）转述得来的印象。

从柏拉图《对话录》最有名的《申辩篇》《理想国》《美诺篇》，我们可以看到弟子记录下来苏格拉底在法庭为自己辩护、和人讨论正义的本质、探讨美德是否可以通过传授而取得的种种经过。

这些对话的共同特色是，苏格拉底会通过不断提问和推论，带领对话者探索眼前的主题：

1. **提问**：苏格拉底会提出一个问题，通常是关于道德、正义、美德这类抽象的概念，请对方提出其认为正确的定义。
2. **反问**：对方给出答案后，苏格拉底会进一步提问，指出思路的矛盾或不一致之处，让对方重新思考自己的观点。
3. **重新定义**：经过一轮又一轮的问答，对话的人会不断修正自

己的说法，进而避开原本的矛盾、限制和错误。

这过程熟练了，我们不见得需要跟一个具体的人进行对话，而是可以在内心自己提问、自己反问、自己重新定义，通过重复的自问自答，将原本狭窄的想法打开。

我们可能会问，将原本的想法打开，要打开到哪里？

其实，苏格拉底辩证法并不是去得到一个绝对不会错的真理，更不是为某个立场或答案辩护。仔细看，苏格拉底辩证法，是通过一层一层的反问，让我们原本抓得很紧的论点开始显得充满矛盾、好像不是那么理性。

它是一种方法，通过问答让人体会到——这个立场也不是，另外一个立场也不是，都有它们的前提和限制，而不是完整、全面妥当的解答。

举例来说，欧美的社会一直有两大思想，一般人称为左派和右派。左派也称为自由派，比较重视保护人与生俱来应有的权利。右派又称保守派，主张的是人通过自己努力所得到的，应该获得法律和规范的保障。

左派和右派的基本差异，在各个社会议题也就延伸出各种不同的意见。例如左派可能主张政府应该提供弱势福利，对富人收更高的税，而右派认为政府应该减少对人民财产的干预……左右派的争执在欧美没有停止过，而且渗透到生活的每一个角落，从税制、法律、社会福利、移民政策，到教育、文学、艺术、戏剧、电影、音乐、宗教……都可以看到这两种不同思想的展现。

左右派的争议累积到现在，已经出现一种现象，也就是左右派不是个人经过理性思考的价值选择，很多人是继承了家庭或族群的立场，没有质疑过自己的主张。也因为如此，许多公共议题愈来愈没有讨论的空间，对立愈来愈强烈，充满了反射式的激烈反对或支持，而不同意见之间几乎没有交流的可能。

要软化这样的对立，促进公众事务的讨论，苏格拉底辩证法是非常好的工具。

我再举一个实例，也许从这样的问题开始：什么是公平？

我们可能回答：公平是让每个人都有工作、公平是让每个人的努力都得到回报、公平是每个人都得到一样的酬劳、公平是每个人要完成同样的工作量……每个人有不同的答复，而答复反映了我们当时看重、所站的基础，甚至反映个人的社会阶级、性别、年龄、世代……但有意思的是，不经过进一步反问，人几乎意识不到自己的声明是带有前提和限制的，而可能以为自己的观点有全面的代表性。

也许接下来可以反问：如果不是每个人都适合工作，那会如何？

这时候我们可能会愣住，开始意识到不是每个人都和自己想的一样，也许有些人不能工作、不想工作、工作不来、做的不是适合的工作或者在财务上根本不需要工作……那么，从工作来谈公平，真的是公平吗？

就这样，我们本来固定的看法开始动摇，再一层一层问下去，不断挑战自己原本的观念，面对“如果我想错了，会如何？”，人将注意从“我一定是对的”挪开，将原本相信、没有质疑过的一一摊开来检视，发现事实可能根本跟自己想的不一样，而可以敞开心胸，放掉原本的坚持，从新的层面去检验一个说法或观念。

用这种方法，让我们发现，自己本来认为是对的，不见得是对的，即使我们又下了新的结论，连那个结论也不那么对。一直用这种方法来探讨，不断追根究底，我们逐渐会明白，没有一个结论是完全正确的。

早晚，我们会问自己：那什么才是对的？

这就是重点。我们在潜意识、在心中本来有一个天生的“对”的观念，是这个“对”引导我们走这一生。然而，我们生到地球，制约太多，脑海不断累积个人的经验，塞进更多家族、社会、历史、别人的经验。就这样，我们用一生所经过的，把内心本来有的指南针给盖住、给模糊、给扭曲掉了。

如果我们通过一层一层的自我反问，就像剥洋葱一片又一片地剥，发现这个也不对，那个也不对，而都可以放掉，那么，*neti neti* 的味道就出来了。

Neti neti 就是梵文的“不是、不是”——这个不是，那个不是，那什么是对的？

走到最后，我们会发现是一个最核心的聪明、最根本的聪明。只是把表面的噪声剥掉，这个聪明自然会浮现。

通过苏格拉底辩证法、*neti neti*，我们有机会从人间出发，走上中道而得到同样的发现。但坦白讲，要得到同样的发现，离不开一个完整的理论基础，而这基础还是中道。

后来很多研究苏格拉底辩证法的学者，认为人间就是全部，而把辩证法完全当作一种人间辩论的逻辑、一种哲学的武器。他们以为重点在于可以拿来声明什么是对、什么是错。有些人甚至认为如果用得好，就可以让自己在辩论时不会输掉。

他们自己没有亲身的体验，也就把苏格拉底辩证法当作在人间相对的尺寸取得一个综合、折中或平均值，以为这样“比较不会错”，而通过一次又一次的“比较不错”，就可以得到一个“绝对的对”。

我认为这种诠释完全是错的。苏格拉底想引导的并不是一个“对”的结论，也不是让人证明自己是对的。他所重视的，甚至和人间认定的道德与伦理无关，而是在更深的层面，并不是我们在人间可以看到、摸到、想到的。

就像前面强调过的，他的辩证法是剥掉我们观念、想法和逻辑里的“不是”或“不对”，也就是 *neti neti*。是这样，我才会将苏格拉底辩证法提出做一点说明。

我在写这一章的时候，和我一起写作的同仁陈梦怡，也提供了一种从人间出发的观点，我相信能引发一些朋友的共鸣，也请她在这里分享。

过去我对辩证法的理解只停留在字面，以为它是一种教人讲话的学问。再加上在生活中常观察到一种荒谬的现象，好像有些人特别喜欢辩论，而且总要争出一个对或错，似乎讲对、讲赢就能反映他的强大。既然如此，这方面的学问引不起我的兴趣。

但是我反观自己的生命也会发现，这小我的存在也是一样的，随时在争辩自己是对的。而且，是站在某一个基础、一个平台声明自己是对的。

我的每句话、每个反应或情绪、每个想法、每个主张——有时候站在一个小孩子的基础，有时候站在一个受害者的基础，有时候站在一个女人的基础，有时候站在某一种社会阶层的基础。而这身心会蒙蔽自己，认为这个基础就是对的，是全部，根本不会想去质疑。

我是在看一些公共议题的讨论时，突然意识到这一点的。

许多人的表达让我非常惊讶，也许是不可思议的狭窄、不知哪里来的理直气壮或很明显在争取情绪面的支持而没有就事论事，怎么讨论也很难达成共识。我注意到，他们之所以有某种表达，是因为站在他们的社会阶层、社会地位、养成背景、性别、某个他们认为理所当然的前提。

当我意识到别人讲话是基于他的基础时，我也突然意识到自己的认知也有某个基础。突然之间，这个基础就不那么重要，开始摇摇欲坠。我的身心会比较放松，但念头还没有止息，只是落到一个比较安静、比较不计较、比较不在意对错的暂时的基础，但还是一个基础。例如，我还是一个人，还是一个生命，还是一个良心，还是一个特别容易被某些议题或群体勾动的普通人……

有时候，我对某件事有很多想法和情绪，但达不到一种能解决事情的状态，充满了无效的思考。这时我也会意识到自己的注意像一个球，在不同的界线间来回弹跳，撞到这里又弹开，再撞到另一边，再弹开。甚至有时候状态不好，这界线好像逼得很紧，只留下很窄的空间，让人的注意力僵固在这里，却找不到一个可以解开的出口，也意识不到自己的基础或前提。

也有些时候，我能察觉到自己会有某个理解、某种感受、某些强烈或不强烈的体会，都是站在某个基础上。这时候，可以从这个基础退开。但大脑会很快抓住一些更微细、更安全、还没察觉到的基础，所以感觉好像还有东西。这种还有东西，就像《神圣的你》里画一只猫掉下来还会去抓墙壁一样，只是头脑自然的机制。然而我这时候可以退一步做观察，而不是陷入身心的自动反应跟着有更多情绪和思考，再也看不到边。

写这一章，突然让我把全部生命系列作品采用的比喻，和我在生活里的观察和理解可以贯通起来。我才明白为什么禅宗会用“桶底脱落”的比喻来描述彻彻底底的醒觉，也突然懂了杨博士为什么在《奇迹》里讲自由坠落，就好像一个人不断往下掉，一点基础都没有，来描述意识转变的经过。

10　语言的悖论

前面提过，圣人知道语言文字的局限无法代表真实，但我们现在能够读到的也只是语言和文字的记录。经过了时代和语言的变迁，现代人对古人留下来的领悟，往往感觉有一种悖论和矛盾，也就是不懂。我通过全部生命系列的分享，正是希望能解开这种悖论，用中道的观念彻底去理解。

巴门尼德（Parmenides of Elea，约公元前515年—前445年）是比苏格拉底更早的古希腊哲学家。柏拉图在《对话录》中提过，巴门尼德和另一位哲学家芝诺在苏格拉底的故乡雅典曾经有一场重要的辩论。那时苏格拉底才19岁，如果有机会见证，对当时的辩论一定也会有很深的印象。

当时的哲学家就像现在的科学家，对每个领域都好奇，观察后做出自己的总结。巴门尼德留下一句名言："只要有机会让病人发烧，我就能治好他。（Give me a chance to create a fever and I will cure any disease.）"这句话听起来违反常识，毕竟我们一般人只想避免不舒服，怎么还会故意让病人发烧？但从免疫的专业来看，他指出了疗愈的一个路径——用适当的方法刺激病人的免疫系统，让身体对入侵的病菌、病毒乃至组织的失衡做一个修正。

对我来说，古人通过观察和思考所得到的结论，到现在无数的分子生物学专家、生物化学专家、血液学专家、免疫专家还在验证这些话。想想，真是不可思议。

前一章谈苏格拉底时已经提过，大圣人懂了真实反而不会想留下自己的作品，我们读到的是学生舍不得不记录下来的内容。这些内容相当珍贵，只是隔了一层意识的筛选，已经和大圣人的表达不一样。

这种不一样不只是个人能力、注意焦点或风格的不同，更多是一种根本性的限制——真实，无法用人间的语言来捕捉。如果我们非要用语言表达，必然会造出种种的矛盾，在意识上带来一重阻碍或门槛。再怎么去接近，还是不一样。

巴门尼德比苏格拉底年长得多，如果他们有机会互动，苏格拉底可能是学生的角色。在我眼中，他们两位所表达的境界很不同。哪里不同？真实的通透度不同。除了医学的智慧，巴门尼德还留下了一些一般人听起来很玄的话。从我们现在的理解来看，他谈的离不开真实，或者说，是对真实的识别与洞察：

我们只能谈论和思考存在的事物。存在的，从来没有被创造出来过，也不会消逝。因为它是圆满、不变、完整。它过去和现在没有不同，未来也不会和现在有所不同，它是一，持续不断。

We can speak and think only of what exists. And what exists is uncreated and imperishable for it is whole and unchanging and complete. It was not or nor shall be different since it is now, all at once, one and continuous.

只留下一个故事，一条路：就是它。在这条路上，有许多路标表明——存在从来没有被创造出来过，也不会消逝，是圆满、独特、不动摇而完整。

There is one story left, one road: that it is. And on this road there are very many signs that, being, is uncreated and imperishable, whole, unique, unwavering, and complete.

每一个东西的本质都是——没有东西。

Every thing is of the nature of no thing.

探究的途径也就是去思考：一、是的，不可能不是——这是说服的途径（因为真理是它的伴侣）；二、不是的，也不应该是——我要对你们说，这是一条完全不可知的路。

The only roads of enquiry there are to think of: one, that it is and that it is not possible for it not to be, this is the path of persuasion (for truth is its companion); the other, that it is not and that it must not be - this I say to you is a path wholly unknowable.

只有存在是真，其他的都不是。一切是一。

Only being is real. All else is not. All is one.

这类的话，苏格拉底谈的比较少，但巴门尼德讲的特别多。大多数人会感觉是一种悖论，而且是听不懂的悖论。好像这样讲也对，那样讲也对。但有时候这样讲也不对，那样讲也不对。好像什么都说了，又好像什么都没说。

这种矛盾的表达、矛盾的修辞在经典里很容易读到。只要它比较接近空性的智慧，像禅、像道家……这些矛盾就很容易出现。像巴门尼德讲只有存在是真，其他的都不是。一切是一。Only being is real. All else is not. All is one. 简简单单几个字，已经在试着整合真实光谱的两端（绝对和无色无形 vs. 相对的有色有形和人间）——只有无色无形是真的，而不属于无色无形的，是无常，早晚会解散，但这两端仍然是同一个真实。

巴门尼德所讲的也是中道，是对真实做一个整合，只是换了另外一组词汇。他提醒我们，重心不要只放在这个世界，也不是只从现象层面去着手。他试着把有形和无形、我们以为有的世界和真实，当作一种对称来表达。

这种对称，和我们习惯的现象世界并不在同一个层面。因此，用语言来表达，如果我们停留在相对的层面来理解，也就会带出一些悖论。我们不能说它对，但也不能说它不对，再换一个方式来表达就显得非常抽象，而头脑会觉得是悖论。

这些话，我们试着用头脑、理性、二元式的聪明是解不开的。头脑本身是站在相对的层面来理解、来说明的，而不可能掌握绝对。绝对，是无法用语言精确表达的，只要一落到语言，就落到人间相对的层面，而不成为绝对了。

再换一个角度来说，只要在物质和现象的层面，它本身就在一个封闭的系统里，即使用尽各种微细复杂的感知、监测、模拟、比喻、化现、成相、合成、表达，也都不可能代表绝对、无限大、永恒、圆满的真实。

在这种限制下，圣人当然不会费力去留下作品。毕竟一个人领悟绝对，明白相对的限制后，怎么可能会认为人间的作品能够代表什么？几乎所有的大圣人都是如此，是弟子坚持才留下一些话让后人可以去追溯。

有朝一日我们懂了，也就会同情过去的大圣人，需要做这种无谓的努力，试着在相对的人间带来一种方向；还会感谢他们仍然试着用各式各样的比喻、建立一整套字眼，希望能指向绝对的智慧。

这种耐性、勇气和爱心，是不可思议的。

11 不二论 *Advaita Vedanta*

前面将佛教、苏格拉底做了一点讨论，也就是从他们的角度说明——中道含着我们对真实的理解，而能帮助我们走出现象的世界。接下来，我们回到印度圣人留下来的不二论（Advaita Vedanta），这对现代西方修行者影响特别深远。

前面在谈吠檀多派时，简单说明过这些古代的大圣人（其中许多人，我们连名字都不知道，学者也考据不来）对真实的探讨既符合这里所谈的唯识，与这本书所谈的中道更是分不开。

商羯罗（*Ādi Śaṅkara*，公元788年—820年）是一千多年前的印度哲学家，他与当时的佛教、耆那教、婆罗门教学者辩论，从印度最早流传下来的古经典（包括《奥义书》）中整合出不二论。

至于近代的拉玛那·马哈希并不是从任何现成的教派出身，而是在很年轻的时候，通过自己的体验，达成了不二论里所谈的参（Self-inquiry, *Atma Vichara*）。他只受过很基础的教育，没有经典和学问的包袱，没有团体或教条的制约。和一般的修行刚好相反，拉玛那·马哈希并不是接触经典而醒觉，是顿悟后，他身边的人拿着不二论的经典请他解释，才发现他的解释和一般的学者不同。他沉默的力量吸引愈来愈多人到他身边，而他的分享从个人的体验出发，完全是新鲜的表达。20世纪30年代就有人将他的表达整理下来，普及到西方。

在我心中，拉玛那·马哈希和六祖一样，几乎是佛陀的境界。他们的领悟完全从自己出发，经典和老师只是帮助他们验证自己得到的解答。

我在《我是谁》曾经带出几个不二论的重点，我在这里也换个方式再表达一次：

- ✧ 一切所看到、听到、闻到、碰触到、体会到的都不存在，都是头脑投射出来的。没有任何一个东西是真实的。我们可以想到、体会、表达的，对真实没有任何代表性。我们穷尽自己所能，最多只能体认到什么不是真实，而不可能表达出什么是真实。
- ✧ 真实是永恒，无限，绝对。真实没有生出来过，也没有消失过，始终都存在。真实是我们的本性，是我们真正的自己。真实是在—觉—乐，是神圣。
- ✧ 一切都是一体，是一个，没有分开过。每个东西、每件事、每个人——都不存在“我”。会有“我”“你”“别的”隔阂的印象，是头脑化现出来的，骗了我们一生。
- ✧ 我知道我不是这个，我不是那个。任何东西、经验、所活的，都不是真正的我，也不值得让我追加任何话或任何念头。任何批判都还是头脑的作业。我最多，只能活出一体。我看别人不对，其实是看自己不对。我责备别人，也只是责备自己。我伤害别人，其实也只是在伤害自己。一切，都是一体。

这些重点，本身也是非常重要的练习和提醒。走到最后，一个人懂得臣服，而臣服会把我们带到参的门户。做参，也会落在臣服的心境。两面一体，而不离中道。

对我来说，不二论跟唯识与中道确实有密切的关系，但最不同的地方在于对行为的看法。佛教会谈到八正道、波罗蜜，都是强调如果我们领悟到底，在行为层面也会活出领悟；而不二论虽然也强调领悟到底，但并没有清楚点出要把行为变得跟领悟或对理论的了解同等重要。

几十年来，我遇到许多修行的朋友，他们放弃一般人认为重要的一切到印度朝圣，过着几乎是流浪的生活，只为了投入不二论的研究和练习。但我发现他们都集中在理论，不断地参，好像参到底就算成功，不觉得自己和世界有什么关联，也不会想介入。

集中在理论、集中在参，走到最后是可以跳开人间，甚至可能达到超越的状态。但这种领悟就像佛教所说的阿罗汉，是一种隐士的心境。我再多接触几位，也就感觉他们好像把自己落在一个角落，想集中在理论的成就，而不是达到全面的圆满。

我会特别强调波罗蜜，也就是希望对这种情况做一点提醒——我们在理性和头脑的层面着手，并不需要排斥行为层面的修行。从中道来看，更是没有必要在领悟和行为上与世界之间划一条界线，好像领悟只到领悟为止，不能渗透到行为、不能涉足世界的层面。

我们看拉玛那·马哈希的生平，就会注意到他个人并不是推开世界到底。在前段，他很年轻就离家，过着与世隔绝的生活；到了后段，身边弟子愈来愈多，他也自然投入团体的服务、带领和管理，在行为层面点点滴滴活出他的领悟。

我会强调这些主要的宗教、心灵、哲学传承的共同性，毕竟谈的是同一个真实，所共同的也就是真实。然而，有些传承例如苏格拉底的辩证法或印度的不二论，如果自己没有体验，只着重于字面的意思和脑海的推演，反而让自己的理解落在一个小角落，要不就想去胜过世界，要不就是看轻世界、认为世俗和人间不重要、价值比较低、不值得一顾。但这两种态度非但没有反映真实，甚至反而把世界看得更真、更重要，这是相当可惜的。

12 儒家的《中庸》

华人的圈子通常会认为儒家的《中庸》可以代表中道，但我的看法有点不一样。

在秦国统一天下之前，许多学者乐于提出自己的看法，讨论社会和国家应该怎么统治，特别是统治阶级和被统治的平民之间的关系。

汉朝建立后，初期的皇帝主要奉行道家的思想，让人民和政府在战乱后能有一点喘息的空间。但后来政府的权力强大起来，也就开始需要一个框架，帮助皇帝维持一种阶级的秩序，维护政治的权威。

汉代的学者整理六经，其中和“礼”相关的文章就汇总成后来所称的《礼记》。《小戴礼记》第31篇单独抽出来，就是我这里要谈的《中庸》。华人都知道《四书》，也就是《中庸》《论语》《孟子》《大学》的合辑。宋朝以后，《四书》成为官员考试的内容，可以说是每个读书人一定要读的经典。

孔子和我前面所提的大圣人有类似的情况，他所留下来的思想是以弟子的整理和转述为主，所着重的重点和表达的方式自然受到弟子主观诠释和客观能力的影响。再加上历史演变的因素，我们很容易理解，虽然孔子也谈天命、道、本性，但后来的儒家主要着重在身份和行为的层面，讲的是一种人间和社会的道理。

像《礼记》就是讲领导人该怎么做，而人民要服务、要听话，一一列举人间的架构、秩序和规矩。《中庸》一共33章，除了第1章谈到道、天命，另外32章多数在谈行为或执行的层面，用各种人间的实例，不断提醒君子样样都应该采取中间的路线，才能有好的示范，带来好的后果。关于中庸的意思，宋朝以后的主流说法，也就是在人间的层面采取一个中间的立场："不偏不倚、无过不及之名。庸，平常也。"强调君子表现不要过度，也不要太少，并且建议凡事适中是最好的方式。总之，不要从群体中凸显出来。

有教养的君子在这些规矩下，尤其强调情绪层面的修养。中庸将人还没有表现出喜怒哀乐时的平静情绪称为"中"（喜怒哀乐之未发，谓之中），表现的情绪要符合常理（发而皆中节，谓之和），才配得上君子的风范，而可以和天地和谐共存（中也者，天下之大本也；和也者，天下之达道也。致中和，天地位焉，万物育焉），完成君子的任务。

前面是大多数学者的观点，还有一些学者认为中庸的重点不在于人间的表现，而在于内心的层面——这样的诠释，和我所谈的中道是比较符合的。然而，华人的主流诠释还是受到仕官考试和教育的影响，偏向在行为层面取得一个中间路线，把这种中间路线称为中庸。

当然，我们可以说一个人如果懂了真实，既然躲不开这个世界，还有未完成的业力，那还是可以选择活出敦厚、道德，不走偏激、不落极端，好好做一个有用的人。但坦白说，这比较是一种社会的需要。如果过分地去做或认为这就是生命的全部，那么，这种讲究礼节、规矩和外在表现的学问，再多推进一点，也就可能变成违背人性的制约。

是的，社会要有一套规矩，大家都依照规则才能运作。但从个人的修行来谈，只谈情绪和行为的规矩，缺少对真实的理解，不小心就可能变成限制，甚至是枷锁。

儒家的角度还是着重于"有"的层面，才有那么多规矩和原则要人去遵守。至于我们谈的中道，在人间层面，当然很大一部分不会违反儒家所谈的中庸，但走到最后，会发现注意力是回转到自己，回转到空，而终究体会到有跟空是两面一体。

13 乱世中，中道是最靠得住的老师

前面将东西方一些思想，特别是和心灵相关的部分，做了一点简单的分享，同时说明中道可以套用到每一个法门、每一个学派，不会造出冲突。

当然，我提过《走向心的道路》并不是一部理论性的作品，更不是学术的分析。我这里所谈的全面整合，也不是论文式的总结，更多是我个人的诠释。所以，这方面的说明也就到此为止。接下来，我可以轻松来谈，读这本书的朋友也可以松一口气。

毕竟我谈的中道是基于几十年的亲身经验和领悟，这是我真正想分享的部分。我也体会到，我自己的体验和释迦牟尼所讲的中道或弥勒佛的妙胜智实质上是一致的。只是我走的路可能与别人不太一样，而使重点或切入的角度有所不同。

因此，在这本书里，我并不是要强调古人讲了什么，也不是想补充他们的看法。毕竟如果一个人没有实际去练习、去点点滴滴地体会，知道愈多反而还会成为阻碍。写这本书并不是要在这个够复杂的世界带来更多障碍，而是希望提供一条道路，并且把路照亮。

中道，是过去大圣人想表达的智慧，和任何法门与学派都没有冲突。它本身在另一个层面，而可以套上任何法门。

前面提过在执行面上，**中道离不开臣服和参——我们首先让注意从外头变化多端的现象回转到自己，站在真实中立地来面对，就是中道。**

中道不是谁的秘法，它没有排斥任何人。我们并不需要守住某个层面、某种仪轨、某个时段才能进行，而是一整天从每一个角落都可以采用，都可以通过中道回转到自己。

正因如此，我的解释也只是用练习和生活当作一个平台，将中道慢慢展开。

过去，一般的智慧或修行的传承，都是老师传给弟子，弟子再传给下一代弟子。释迦牟尼这么做，禅宗和许多门派也是如此。尽管绝对的真实无法通过语言来精确表达，绝对与相对也无法一起衡量，但一位好老师肯定弟子、鼓励后人、给学生打气，这本身并没有什么错。

只是这种教和学很难跳脱它先天的限制。除非弟子这一生已经相当成熟，老师只需轻轻点拨一下，他就能突然打开头脑的制约，而远远超越老师的境界。否则一般在没有特别大福德的情况下，弟子最多是停留在和老师差不多的境界。就好像无形中，老师已经限制了弟子的突破。

我认为这是一个需要谨慎处理的问题。

我身边有些同仁，他们对修行有兴趣，也很投入。他们会发现，当某些人接近某个境界时，我反而特别严格。他们出于同情或寻求和谐，也可能担心我偏心或有误会，希望我多肯定、多鼓励，不要总是泼冷水。

我可以理解他们的顾虑，但坦白说，他们不明白这责任有多重大，也不知道如果我没有妥当而坦诚表达个人的看法，反而是害了他们。他们可能会骄傲起来，认为自己见道。但肉体明明不可能见道，这又要跟谁说？

如果顺着心理上一时的满足或安全感，也许大家暂且安心了，却根本没想到可能只是带来错误的认知，强化头脑的无明。

再进一步说，将制约打开、启发理解是一回事，真正的挑战在于如何将领悟稳定下来。尤其这个时代，人间的引力太重，老师自己在行为和业力的层面可能还没有完全理解透彻，他又怎么能评估、认可或引导弟子的进展？

一般人走修行的路会想得到肯定，一方面是想确认自己的进度，此外从心理上好像需要老师的点头认可，来得到支持和肯定。甚至有些传承还会发“印可状”，用一张证书代表老师承认弟子修行的成就。

这种外在的证明，对大多数人来说很重要。但我要坦白说，在这个年代，真正能扮演这种角色的老师不多。尽管某些老师会公开说某某弟子见道或不见道，但从弟子的行为来看，并不是老师说的那回事。

几十年来，我亲眼见过太多类似的情况。许多出名的老师，甚至一般人眼中很有成就的大师，面对人间的状况还是很容易大惊小怪。一些微不足道的小事，就足以让他们暴跳如雷，有强烈的反弹。有些老师在行为层面难以完全和领悟一致，也产生许多人事的问题，甚至男女间的丑闻。

但我也要说，这并不完全是老师的错。这世界太沉重，黏度和密度都太大，让我们很容易被带回人间，不小心就落回人间的制约和价值。特别这个时代，步调愈来愈快，说是乱世也不为过。在这种局面下，我们说谁有本事可以扮演认可的角色？而弟子又能用什么方法来评价或评估自己？

人靠不住，那就靠中道吧。

中道为我们提供了一个很好的机制和基准，来衡量自己处于哪个阶段——是否还是被环境或人间带走？是不是还需要回转？还是说，我们已经可以定下来，面对人间？

有些修行的朋友遇到事情，干脆闭上眼睛，一句话都不说，好像定到什么神圣的境界，不想理睬这个世界。我过去提醒过，这种表面的定，是一种小定，还是一种需要用力去维持、需要功夫的定。

对我来说，人不管在哪个程度，还是要好好练习——用中道不断回到自己，而且是轻松而友善地回到自己。人间的修行路走到最后，即使找不到合适的老师，仍然可以将中道本身当作最好的老师。

我们可以用中道不断回到自己，回到内心。无论身边是否有老师指点，是不是有老师可以带来一些鼓励，是不是有老师确认我们成就或不成就了什么，只要不断回到内心，就对了。

友善，是中道非常重要的观念。配合我们的身心条件，友善和正向可以为我们铺一个基础、种下一个种子。即使面对的情况不利，有种种不顺，但还是把样样看得好。这么做，会让情绪和行为稳定下来，人也变得稳重，不会小题大做把问题扩大，让自己和身边的人更不好受。

成熟度，跟一个人稳不稳重，有密切的关系。这一点，是骗不了自己的。我们从开始到最终，始终抱着初学者的精神，随时在练习、静坐、活出波罗蜜。这一生，一路自己走下去。对我们，没有什么回头路，也没有走歪的顾虑。

这样的方式，完全可以代替一位好老师的作用。

在一整天的处境里，无论生活、工作、独处，我们都可以做一点反思：

观察自己，遇到事，心有没有在动？有没有起一些念头？而且自己没办法踩个刹车？

一天下来，遇到事可不可以随时观察到自己？还是说，随时会跳到眼前的故事里？

遇到人，是不是还会忐忑？是不是总在回想刚刚的情况？是不是对别人的肯定有期待？是不是希望得到怎样的待遇？

做事，是不是干脆利落？还是看前看后、犹豫不决？

无事时，是不是能轻松放过自己？还是仍然有点紧绷？

每个瞬间都是一个友善观察自己，敦厚放过自己的机会。

试试看——观察，知道了，承认了，笑一笑，放过了。

14　全面的整合与成熟

我在全部生命系列铺设了必要的词汇和完整的理论基础，现在写《走向心的道路》也就可以从实务着手，让我们可以在日常生活运用，随时回转到内心。

佛教的殊胜，在于既有超越或智慧的方面，也有世间知识或做人的方面，两面合一。基督教的《圣经》也是包括了世间和出世间的智慧。至于苏格拉底的辩证法、道家的思想、儒家的中庸、印度的不二论则好像多少缺了一个层面，要不很少谈超越的层面，要不就有点躲开社会，好像不能把智慧用到人间似的。

苏格拉底从人间出发，一层层把成见和前提剥开，虽然有机会抵达中道，但如果缺乏一个超越的引导，也是让人停留在世界的是非对错，以为这样可以找到真理。至于儒家集中在行为的层面，确立了许多人和人的规范和榜样。但遵守到最后，跟道、领悟、真实有什么关系，并没有一个完整的蓝图。

前面没有特别谈道家的经典，毕竟一般所认为的道家，乃至后来的道教，在我看来好像是多种截然不同的思想放到一个篮子里，很难当作一个单独的法门来谈。老子为主的道家思想比较强调舍离，把样样都放下来，是从人间跳到另外一个智慧的轨道。不二论集中在真实，并不特别强调行为的层面，对一些朋友而言会变成好像行为归行为、领悟归领悟，两者没有关联。

过去我不太谈每个法门的不同，毕竟分析差异不会带来多少帮助，反而是找到共同性，比较能帮助大家接受。

中道，就是这样一个可以贯通全部的共同性。

我们可以贯通超越和人间的层面，发现并不是非怎样不可，没有什么叫作“空”，甚至没有什么叫作“有”。智慧和世界、空和圆满或“有”完全找不到矛盾，两边都可以支持。

用这种方法追求，我们才可以彻彻底底跳出世界，但又同时活在人间。既不躲开，也不需要沉溺在其中。人间只是一个和真实与绝对不相关的现象，在不同的层面、不同的轨道。我们就是认定绝对，也不妨碍世界在相对层面的运作。

我们遇到事会怎么反应或是反弹，这本身是一个成就或成熟度的指标。对样样，一天下来都可以用平等心来看。好事是这样，不好的事也是这样。站在整体，有状况需要处理，就处理。不会觉得窝囊，也不会大惊小怪。

我们成熟不成熟，也看自己是不是还受到环境的制约。环境不好，我们受的影响会更明显。一般人状况好的时候，多少可以维持一种样子。若遇到不顺，可能完全失去原本的风度。把人间的剧本通过眼前的状况没完没了发挥下去，根本意识不到尽头。

在最困难、挑战最大的时候，可以稳重，可以前后一致，没有失去舒畅和自在，这可以当作修行成熟度的指标。

我年轻的时候，有一段时间也会想跟各种老师接触。无论在东方或西方，只要听说哪里有好老师，我就会设法联系。若能得到对方的同意，也就有机会去拜访，有比较长时间的接触与互动，包括观察他怎么应对生活，怎么引导学生。

当时就注意到，亚洲文化一般把修行的老师看得很高，特别尊敬，好像修行的老师是一种不同于普通人的特殊身份。但这种认定不见得符合现实，甚至和实情可能有很大的落差。

尤其老师要照顾来自各个角落的学生，还不用谈到修行，光是协调团体的需求就是很大的挑战。有些老师遇到不顺，心情就变得浮躁，没办法把心收回来，身段也柔软不下来，很容易小题大做。发生鸡毛蒜皮的小事，也要对弟子说重话，充满情绪，让大家没有安全感。

他磨炼的程度不够，在状况好的时候可以当老师，但在状况不好时，不稳重也不够敦厚，可以说连师父的风度都失去了。这方面，也让我感觉非常可惜。

这并不是特例，在我几十年的观察中相当普遍，也是很值得我们再三提醒自己的重点 —— 面对人间的变化，我们可以怎么回到自己。

这些年，为了克服我们在人间自己造成的障碍，我也特别带出感恩的练习。毕竟，我们如果对自己、对古人、对一切都感恩，心会柔软，行为会是和谐而友善，不会把自己绑在一个无常的身份，而要立即跳起来表达自己的立场、自己的特殊性、自己的分别心。

我们随时感恩，也就可以帮助自己跨过种种法、门派、宗教的隔阂。

感恩的心，是我们在人间一切的出发点。

通过感恩，我们可以面对这一生种种的挑战，种种的问题，种种的制约。

感恩的功课，也只是对遇到的每一件事、心里每一个念头、每一个反应、身体每一个感受……都感恩，都说："谢谢！"

在我们状况好、一切都顺时，感恩的练习比较容易进行，也让我们体会到原来身心的生存离不开许多条件的配合，而愿意放下小我自以为的功劳，谦虚起来。

在我们状况不好时，也许是被最信任的人背叛、被最亲的人看轻、正在适应环境的变动、身体有难以缓解的病痛、心里不断浮出对过去的遗憾、愤恨、对未来止不住的担心……还是可以做感恩的练习。但这时候，可以把步调放慢，先对自己的负面念头和反应（包括身心的疼痛）说："谢谢！"

我感谢痛、感谢负面的念头和感受，感谢不断浮出来的担心，感谢你们关心我的生存，用激烈的方式想要提醒我、保护我。谢谢，现在我知道了，我想学习用自己的方式来面对。

接下来，面对自己的努力，一样感谢自己——

我感谢自己，感谢自己懂得忍耐，感谢自己注意到不对劲，感谢自己记得感恩。

这时候，我们的心会开始放宽，注意比较能从负面的心情和疼痛挪开，开始有空间可以容纳更多——

我感谢眼前的遭遇，让我可以明白过去不明白的，让我知道有许多我不了解的。我感谢眼前现象和能量的变化，让我有这些不同的经过。我感谢痛苦，谢谢你们成为我的老师，为我带来难得的人生功课。我感谢无常，让我有机会看清，有机会看见生命的真相。

许多朋友在自己的领域非常能干，有很好的表现，但是面对人生带来的功课，我们都是一样的——知道的不够、准备的不够、永远来不及、没办法先想到。这些功课教我们谦虚，认识小我的极限，准备为生命更大的层面打开。

通过感恩的态度，我们有机会彻底转变，甚至可以推翻过去认知的典范。对这一生、对真实得到一种全新的理解。

平时，我们也可以在行为的层面带出感恩——主动服务、主动问好，把自己的光明、希望、满足感和幸福感带给身边的人事物。我们在服务、在表达感恩、肯定、接纳、正向的当中，活出了一种风度，反映我们对真实的领悟。

试试看。

15　克服障碍：在每个瞬间，带来一点正向的动能

读到这里，你大概可以体会到中道有两个层面。一个是在理论上，它是**站在真实面对世界**。另一个是在执行上，中道不只是纯粹的中立，而是还带着一点微微的友善、淡淡的欢迎，也可以说是**友善的中立性**。这种正向的中立性，反映在修行的传统，也就是**臣服和参**。

面对每一个瞬间，我们带一点正向而友善的味道，也就带来一种正向的动能，造出一个正向的螺旋场，为这个瞬间做一个正向的转变。不知不觉，我们会发现个性改了，甚至连命运也跟着不同。

没有人喜欢负面，尤其生命有状况时本来就够萎缩、够难受了，如果还要用负面的念头给自己扯后腿，那不是只让人更难受？

我们懂得样样往好的地方想，比较容易臣服，比较容易看穿这个瞬间。或者换句话说，我们会比较容易接受整体的看法。眼前这瞬间，不再是那么悲观，也不是完全没办法忍受。甚至，很容易可以度过。

遇到困难，通过正向的态度，还是比较容易帮助我们走出眼前处境的影响。老天爷当初就是这么设计我们的身心机制——正向和舒畅带来的螺旋场，为我们物质和身体的层面做个转变，提高生存的概率。

就连动物，如果我们对它好，给它一点东西吃，它自然会高兴，喜欢有我们的瞬间。甚至我们还没出现，它已经开始期待。这种经验，只要养过宠物都可以体会。

我们人也是动物，一样喜欢正向的鼓励。最有意思的是，弥勒佛

早就完全晓得，他总是先安慰眼前的人，让大家生起欢喜心，再进入真实的探讨。他这么面对眼前的人，也就是教我们不光是臣服，而且最好是带一点快乐的臣服、肯定的臣服。

一体、整体是在一种欢喜的层面运作。臣服，带着一点正向、快乐或满足的念头，也就比较接近整体或是一体的层面。

臣服的过程，并不像一般人以为的是低头、退缩或妥协。不是的，在执行的层面上，臣服只是我们把注意力和眼前或心中的事稍微拉开一点距离，渐渐让注意力习惯停留在自己。有时候我会说，是让注意力退到一个好像没办法再退的点。这个点，我也曾经说过是绝对跟相对的门户，或绝对和相对、真实和人间的交会。

我们落在绝对的层面，是欢喜的。在臣服上再加一点欢喜、快乐或满足，不光可以影响到身心的神经回路，修正回路的内容，还可以作为一个接轨的力量，带来一个阻力最小的路径，让我们的注意力不知不觉滑到大我、宇宙、内心。

这个正向接轨的力量，是小我、身心的需要。大我、整体，没有这种需求。它不需要说服任何人，也不需要说服自己。它连一个字都不会留。

然而，面对人间的变化，我们不见得来得及反应，不见得有静坐、祷告或冥想的空当来提醒自己把注意力转到哪里。这时最简单的做法，也就是无论好事、坏事，都不断地声明："一切都好！"

毕竟我们随时受到世界制约，遇到好事，也许还可以正向，遇到不好的事，遭受困难，反弹都来不及了，还谈什么真实，谈什么绝对。这时"一切都好！"是最单纯的一把钥匙。熟练了，一个人很诚恳随时声明"一切都好！"，也就立即帮助自己回到臣服，回到自己，回到和真实一致的境界。

当然，我们也可以说："宇宙不会犯错！""OK!""谢谢！"诚恳地做，把自己交给这把钥匙，也就瞬间打开了一道门，让我们从烦恼和挫折回到没有动过的平安。

这种做法符合人类心理的作用。我们还是喜欢正向的鼓励，需要一种称赞的环境。既然如此，我们就自己制造这种正向的环境，而不是等别人来称赞。我们称赞世界，就是在称赞自己，而带出自己最高的境界。我感觉，这在心理层面上是非常重要的。

讲友善的中立性，也只是接纳、感恩、包容、肯定、忠厚、优雅、诚恳、友善……我们最终见道、醒觉过来，也只是活出这些特质，变成一个见证者，不会想再去干预世界，不需要去修正任何地方。

我们修行走到最后，最终的行为表现就是快乐、真善美或说波罗蜜。前面提到《心经》最后一段说一个人懂了最高的智慧，看清一切都是幻觉，而幻觉竟然没有离开过真实，那他会表达——揭谛、揭谛，波罗揭谛，波罗僧揭谛，菩提萨婆诃。——也是充满了庆祝，充满了欢喜，而这本身就是解脱，就是智慧。

既然幻觉没有离开过真实，即使自认为还在幻觉中，为什么不一开始就活出真实的境界？为什么不一开始就做个正向、快乐、敦厚、友善的人？干脆把生命简化再简化，化约再化约——不需要的东西都可以让出来，可以送给别人，而且还是高高兴兴、欢欢喜喜地送。

我们这么做，也就在实践古人所说的菩萨道。

这些行为层面的表现，对我们的理解、现实和认知会做出大幅度的修正。这也就是我一直用迷走神经的作用来说明的——不光脑在指挥身体，身体也可以影响脑，从身到脑这个方向的影响力甚至远远更大。

再加上我们不断在脑海中肯定世界、肯定宇宙、肯定生命不会犯错，或者用“Yes!”“一切都好”“一切都刚刚好”来接待生命。这种肯定会为我们建立一个新的神经回路，而这个脑部的新回路也会影响我们的心、我们的行为。

这一来，即使我们还不能完全做到，还时不时滑回人间，别人讲一些不中听的话，我们马上会跳起来，或者有些过去的记忆浮现，让我们难受，让我们看坏自己、看坏世界。这时候，这些练习就扮演一个很重要的角色。

从每个层面都可以着手，为什么不做呢？

练习：一切都好

我们放松自己，可以只是发呆。周遭如果有一点声音，我们听，只是听，不用生出一个念头，去解释、去评价、去担心。

有声音，就欣赏。没有声音，还是可以欣赏。

最多是提醒自己——样样，一切都好。

我们可以随时肯定——肯定一切，肯定宇宙，肯定生命，肯定样样不可能会犯错——一切都好。

我们随时懂得把自己交出来，交给一切、宇宙、生命。这本身也是臣服。懂了这些，我们也就随时可以进行，随时活在生命本来就有的神圣的空间。

我们随时带着一种祝福、一种欣赏，无论情绪来、情绪走，对我们都是一样的。

All is good. 一切都好。

一开始，我们可能需要挪出一点时间，通过欣赏的态度打开心，可以宽容、可以放松、可以微笑、可以肯定。熟练了，即使平日生活仍然忙忙碌碌，我们随时可以回到内心的空间，再怎么急促，依旧肯定一切都好。

遇到好事，一切都好。遇到不顺，一切都好。

宇宙绝对不可能犯错，就连我们的人生剧本、过去悲伤的故事、受伤的遭遇……也是刚刚好，来准备抵达这个瞬间。让我们通过一生的伤疤、一生的心结，终于看出这个世界是虚拟的，是通过头脑组合的印象。

过去的痛苦，是我们在虚拟的世界，受到虚拟的折磨。然而，这个虚拟的印象，对我们是再真实不过。

虚拟的境界充满痛苦，但事实是——All is good. All is well. 一切都好。

我们为了一个虚拟的“我”做了那么多——不断回想、后悔、内疚，想要挽回，希望能赎罪。我们还需要把这么多的罪恶感带着走吗?

All is good. All is well. 一切都好。

这个提醒，浓缩了许多层面的修行，也就是我们把这世界看穿，不断声明——我想通了。我不想再参加这场人生的幻梦，人间的游戏。这一生，我让它来，也可以让它走。这一生到现在，没有一样是错，没有一样是不该发生的。

一整天，我们都可以用这种心情来面对生命，跟人互动。样样都可以感恩，样样都可以肯定，样样都好。

16　向内转：从现象，回到本质

中道，是不断往内回转，回到心。这也就是提醒我们——一切的答案不在外在，而是在内心。

当然，这是一个比较简化的提醒，并没有谈到什么叫作外在、什么叫作内在、什么叫作心、什么叫作真正的自己——这离不开我们对真实的理解。

我们仔细观察，我们认为有的世界与人生，是我们的头脑通过区分、分别、比较所组合的，而离不开两极化、二元式的逻辑。

二元式的逻辑，或说二元对立的逻辑，也就是我们随时通过两个点的比较，为此时此刻下一个结论，做出一个判断。甚至不是单纯两个点在比，而可能是三个点的比较。眼前这两个点被我们拿来比较的特质，是针对另一个也许在场、也许不在场的第三个点得到的。

举一个实例，我们在比较 A 和 B 谁比较健壮时，是通过另一个度量的标准 C（也许是一把尺子、复杂的量表、公认很壮的球员）得来的。也可能 A 和 B 是两个孩子，当父母的免不了评断哪个孩子听话一些、表现好或不好。然而对 A 和 B 的判断，又往往是和印象中的一个理想 C（也许是邻居的孩子、戏剧里的角色或自己脑海里的想象）衡量而来，再进一步去拿这个衡量的结果去比较 A 和 B 两个孩子的表现。

人类的聪明，也就是不断比较再比较而来的。先通过比较建立一个衡量的基准，再用这基准去测量，做进一步的再比较。对人类的逻辑，比较就像呼吸、喝水一样的自然。我们的感官通过比较取得信息，变成我们的知觉和感受；我们的脑通过思考随时比对取得的知觉和感受，组合出这个世界；再通过这个世界观，发出行动的指令去修正世界，想要让脑海里的世界组合成不同的印象；而这个空间的世界，再加上脑海区分先后的观念，也就有了时－空的组合。

就连世界所产生的一些很科学、客观的观察结果或数据，一样脱不开相对和比较的机制，才让我们得出对世界、对现实的结论，让我们可以解释这世界，而得到一个坚固完整的印象。

对脑海，一切都合情合理——有过去、有未来、有世界、有一个自己，我们再也不会意识到一切只是某种比较累积的结果，只是众多可能性的一个，不是唯一，也不是绝对、无限、永恒的存在。

这些机制都属于“外在”，并不是我们的本质，也不是我们真实的自己，最多是从本质延伸出去的一些临时的作用，产生一些临时的印象。包括我们的念头、情绪、感受、心情、身体舒不舒服、人生顺不顺、命好不好……这些都是外在。

我们在这人间看到、体会到、摸到、可以用感官捕捉到、可以想到、可以感受到的种种，包括《心经》归纳出基本的机制——色、受、想、行、识，都还是属于相对，还是属于外在。

将这个主题打开到这里，我相信许多人都会觉得不可思议。毕竟一生走到现在，可能想都没想过——念头、感受、情绪不是自己，更不会去想到这个身体、这一生的遭遇、命运根本不是自己。

然而古人很早就认识到这一点，也指出我们所可以体验的，全部都是现象。吠檀多派讲 *Nama, Rupa, Sat, Chit, Ananda*——前两者 *Nama, Rupa* 名相都是相对的层面、外在的世界，包括了我们可以觉察到、想到、感受到的一切。光是 *Nama, Rupa* 这两个词，名称和形相，已经把我们可以体会感受的都说完了。我们认得世界，认得我们的人生，会称为我们的故事、我们的剧本、我们长什么样子、有什么经历、有什么喜事和伤心难过……全部都落在 *Nama, Rupa*，在名相里打转。

我先用这个角度将外在跟内心做一个区分，而内心指的是本体（noumenon），或说我们的本质、本能。本体，是个绝对的观念。绝对落到相对来贯通我们，最多就是留下 *Sat, Chit, Ananda* 在－觉－乐的印象。

在，不是抵达哪里，只是轻轻松松自在。觉，不是去觉察什么，只是不费力的觉。乐，不是因为满足什么条件而快乐，只是无条件的快乐。

我们停留在相对跟绝对、有限跟无限、无常跟永恒的边边，这个边边，我也用大我、意识的门户来表达过。我们的脑海和身心再怎么运作，也只能到这个边边。这个头脑相对的聪明、二元式的机制和逻辑，不可能跳到绝对，它没有能力跳到绝对。

我们也不需要跳到绝对，就停留在这边边、交会点，最多这样子就好了。

我用回转，回到内心，几个字来表达这一点。

怎么做？也只是通过臣服——不断接受，不断接纳，不断包容，不断肯定，不断欢迎，不断感恩，不知不觉滑回这原点，这没有点的点。

17　不费力回到本质

许多时候，修行之所以费力，是因为我们的注意力离不开脑海、离不开现象的世界。

前面提到，在人间、在脑海的世界，意义与评价都是比较的结果。例如某件事和另一件事比，我们得到一个“好”的评价。完成某件事需要花的时间，和另一个做法相比，我们得到有效率或没有效率的结论。

如果把五官可以知觉到、念头可以想到的任何一件事、一个东西、一个人、一句话、一个感受、一个体会……都当作是一个资料点，从一个点到另一个点不只产生了空间的关系，还可以再加一个坐标去延伸出时间的比较。无论我们从哪个资料点衍生出哪个资料点，对比出多丰富的意义，都还是在时－空里运作，是在相对的层面进行作业。我们再怎么设法去分析、去想、去延伸、去期待、去追求、去衡量……还是一样，永远离不开时－空。

前面提过，有些人站在人间的角度，认为中道只是讲究一种妥当的平均或折中，好组合出一个不会错的真实。然而，这种表达只反映了对中道、对真实的不理解。

我通过全部生命系列想表达的，以及过去的大圣人包括佛教的中道、苏格拉底的辩证法、儒家的中庸、龙树菩萨的中论……所谈的，最终并不是为了在人间建立一个不会错的平均、适中、折中，也不是在两个时－空的点取得一个中间点。

我们在试着理解绝对和真实时，很容易把它带入头脑或人间相对比较的层面。比如说，一般人听到“这里－现在”的比喻，会认为我所讲的是空间两个点之间的“这里”，以及时间两个点（过去、未来）间有一个点，叫作“现在”。

然而，我用“这里－现在”“瞬间”所谈的并不是这个意思，不是站在时－空的层面在谈，而是想表达无色无形、大我、奇点（singularity）的观念。它的尺度不在人间，我们也没办法在这时－空指定一个它的对等、它的代表。

差别就在这里，也是最难懂的部分。然而，如果我们懂了，也会发现这反而是最容易掌握的观念，因为它本身是我们的正常。

正常，就是完整的意识谱、全部的可能。我们过去是选择站在一个很小的角落来看世界、看人生，所得到有色有形的印象都在相对的尺度，不到整体的百万分之一；至于整体的99.99999%以上，对我们的脑海和感官是无色无形，反倒让我们认为是不可能、不存在的。

我们接受的、认为有的，只是有生有死的现象层面，但有一个不生不死本体的层面是永恒、无限大——这个层面反而被我们认为不可能，甚至连想都不敢想。就这样，我们把自己限制在有限而无常的境界。

我很早在《静坐》中就提过奇点的比喻，后来在《我：弄错身分的个案》中又进一步提出大我。许多人都会以为奇点、大我是这有色有形、时－空里的一个点。但不是的，奇点、大我要表达的是念头还没有起伏、还没有发生、充满无限可能、任何动力都还没有出发的一个点。它在无色无形的层面，而这个层面并不是一般人认为的“没有”或“空”。

即使无色无形要踏入世界，也要通过这个点来跟世界沟通。星球要爆发出来，还是要通过奇点来转变。

我们要回到真实，也只是停留在这样的一个点。

18　滑回到心，就是中道

我们在这相对的世界，想要追寻绝对，所能做的，也只是一再地拨开相对的现象、减少现象的重要性、将注意力从一个又一个现象挪开、得到一种简化再简化……简化到几乎没有，但又不能说没有。

说没有，只是五官和脑海几乎捕捉不到、用不来、起不了念头，但还有一个好像知道、好像看到、好像活着、好像有、好像在，所以也不能说没有。

就这样，注意力落在一个不能称之为点的点或扩大到全部，达到一个脑海还勉强可以衡量、可以掌握的概念，或说在有限和相对的领域勉强可以代表的一个点。我过去借用奇点的比喻，就是借用物理和数学的方式，描述这个不是点的点、在出发点之前的点。

我可以再换一个方式，用人们玩跷跷板来比喻。跷跷板这一边是我们认为有的这世界，另外一边是真实、是存在、是“在”。这跷跷板并不全部在这个时－空，而是一边在这时－空，支点的另一边在我们看不到的无色无形的层面。

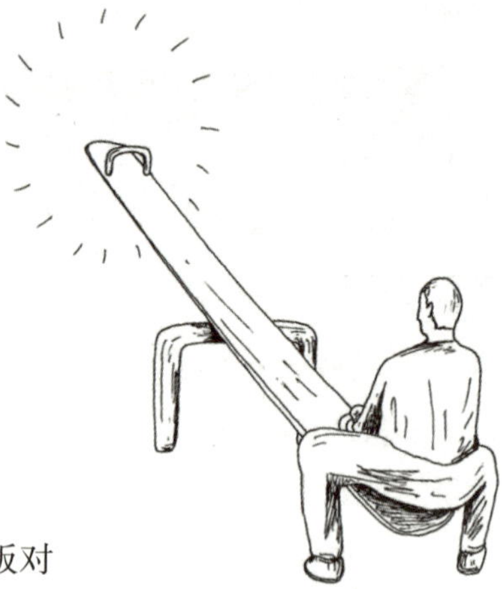

跷跷板的支点，也就是真实或存在的门户（大我、奇点），让跷跷板对

我们有一种平衡。然而这支点或说真实的门户不在这个世界，而是在另一边。当然，为了方便我们的理解和表达，先把它当作有一半在这个时－空来看（于是也就有了大我、奇点的标签）。

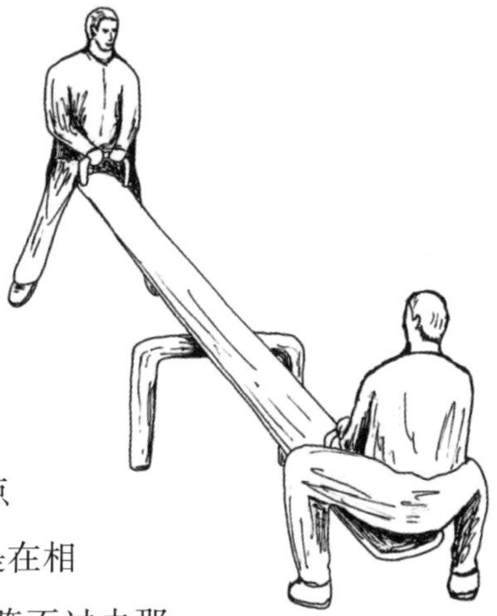

对我们，会觉得自己在跷跷板这边。无论我们再怎么比较这个点和那个点，再怎么进行分析，永远是在相对、有色有形的层面运作，是永远跨不过去那边的。

我们投入在跷跷板这一边的重量，也就是脑海里各种念头、感受、想法、评价、立场和反弹。投入愈多，也就让我们愈把注意力锁定在跷跷板这一边，好像不断在和什么对抗，而无色无形早就不知到哪里去了。

我们将跷跷板这一边的重量给散掉，将眼前各种念头、感受、想法、评价、立场和反弹放过，就是我们所说的中性化、中立，也可以说是简化再简化。于是“我”的负担愈来愈轻，我们开始往另一边滑。再加上一点友善的念头——眼前来什么就欢迎它来，而我们都可以臣服，都可以接受。这一来，脑海的运作没有多余的地方可去，没有新的重量让我们回到跷跷板原本那一边。我们落到跷跷板的支点，这就是回转。

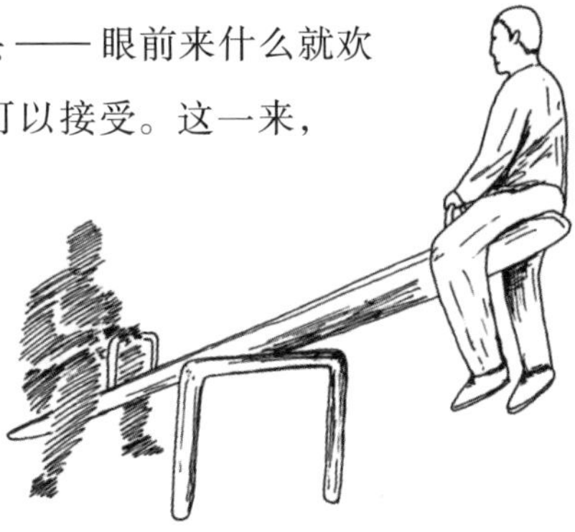

修行，也只是走一种回转的路。然而，回转到自己、回转

到心的说法还是一个比喻，实际上并没有一个回转的动作，最多只是原本往外的注意力放过了眼前的客体，回到唯一一个消失不了的主体，也就是自己。

说回转，只是比喻。如果说回转到哪里，比如胸腔或某一个点，那还是落在这个时－空。就是从这个时－空，我们样样接受，活出空的容器，头脑没有地方再去躲，再去找，再去延伸。内心的绝对反而会浮现。

在这种没有念头、没有感受、没有觉察的刹那，面对人间的任何现象，我们都可以把它们的性质中和掉，让它们的作用消失。无论头脑怎么用觉、想、受去描述世界，我们都可以回转、接受、做一个中性化。头脑没有地方可以转了，这本体或者不二论所说的梵、绝对的真实，就浮出来了。

这是绝对的实相，它包括一切，包括 *Nama, Rupa, Sat, Chit, Ananda*，包括有色有形，将一切包在最原本、最根本的、最绝对的真实里，它是一体。

19　中道带来的平衡点

我通过奇点、大我、门户、跷跷板支点的比喻，希望能把真实和人间的关系，静坐修行能做到哪个地步，什么叫作回转、向内转、停留在意识的门户……观念建立起来，给头脑一个稍微可以掌握的蓝图，表达怎么从充满了现象的人间找到一个平衡点，让我们回到真实。

当然，再怎么比喻，都是很勉强的表达而含着一种误导——好像相对可以跟绝对平起平坐，而可能让我们以为人间与一体是一样的重要，一样的存在，只是在不同的两边。

这种认识，夸大了人间的重要性，也造出我们自己的阻碍。我会借用这种对称式的说法，只是表达除了有色有形的人间，还有一个无色无形的存在；除了外在，还有内心。然而这两边的重要性差异大到难以对等，几乎没有什么平衡可以谈。

会有人间 / 存在、外在 / 内心的不同，是通过一个点而有的分别。这个点，勉强可以说是无色无形在人间露出来的一个头，可以稍微被人间所理解，但并不是在人间。

这个点，也就是大我、意识的门户、奇点。

有时候，经典的话也会让我们回转。特别是前面提到关于真实的描述，时常带着一种悖论，让我们听不懂。如果我们接受听不懂，没有再加一个反弹，我们的注意力反而会突然从眼前很具体的念头、比较、烦恼、聪明挪开，就像坐在跷跷板上的小孩子放开手，反而重量就挪开，可以有一种放松，而自由滑下去——注意力落到一个计较不了、烦恼不来的——注意力的奇点、意识的门户、大我。

这很有意思，有时候，听不懂，反而比较“懂”。

我们的念头减少、注意力愈来愈不放在心内心外的现象，会产生一种回转。这回转是什么？就是回转到心。回转到心，本身就是中道。

这个支点，是很有意思。我们落在支点，还是觉得有个跷跷板，只是这跷跷板回到了平衡状态。这种平衡并不是两边等重或等距离。平衡，指的是一种最稳定的状态，让我们全部都可以放过——可以接受有形有相，也突然可以接受无色无形。

再换一个比喻，我之前常用冰山来谈，我们意识得到的有色有形，就像冰山露出海面的一点点，只是冰山的一小部分。超过头脑和五官可以体会的，会被我们称为无色无形，是冰山在海面下的部分。然而海面下的，才是冰山的主体。

用冰山来讲，它在水面上的有色有形和水面下的无色无形，是有一种平衡，让这个冰山可以稳稳地存在。

这种平衡，是一个最低能量的点，是我们与另一边——另一个世界或是无色无形的世界——的共同点或说门户。我们停留在这个最稳定的点、最低能量的点、最不耗费额外注意力的点，早晚会被无色无形给吸收。

我常讲停留在大我，就是这样最不费力、最没有选择、最轻松、最根本、最基础的基本点。

这个点，虽然代表了无色无形的门户，但也可以说还在这世界，还在理性可以理解的范围——我们把注意力所耗费的能量减少再减少，将一切的重要性取消再取消，将注意力简化再简化，到最后，剩下一点本质，剩下一个最源头的聪明——也就是大我、奇点。

我们的修行全部都是在滑回到这个点，也可以说是通过中道随时回到支点或说回转到自己。

这个点，可以当作无色无形与有色有形的门户，或者绝对与相对的交会点，或者大我与小我之间的窗口。当然，说门户、窗口、交会点，都是方便头脑理解的比喻而已。对我们，这个点有一半在这世界。我们滑回到它，并不等于滑回到另一边。尽管滑不到另一边，但这个点至少是现象世界和无色无形可以达到一种平衡，而对我们是最稳定、最不费力的状态。

这就是中道真正要取得的平衡，而不是在现象层面不断地计较、对比再取得一个平均。

20　真实来悟我们

印度的吠檀多派用 *Nama, Rupa, Sat, Chit, Ananda* 来表达真实包括相对，也包括绝对。我过去也常用一组图案来表达生命是几面一体，既是一体，也有个体。即使个体化到一个极致，我们仍然能找到出路，回到一体。

这组图在《不合理的快乐》《定》《时间的陷阱》《短路》《我：弄错身分的个案》《唯识》中都出现过，用从左下到右上的一束光来表达一体无所不在、不生不死的意识。它偶尔会延伸出一个局限的小圈子，把一体圈到或局限到一个不成比例的小角落，比如我们的人生。

从绝对可以延伸出相对，又从相对的世界不断地去做分别。愈陷入角落，分别愈大，境界愈具体，知识愈来愈细，愈来愈精确。这就是人类的文明。

然而，再怎么分别，即使分别到充满隔阂的境界，也从来没有离开过绝对，而绝对的光，在相对的任何一个角落都可以亮出来。

这组图，也可以说是从不同的角度来呈现中道 —— 从真实、从绝

对看一切。

当然，绝对本身，从相对来看是完全的中立，没有什么正向不正向好谈的。但我们回转，如果再带一点正向的念头、正向的态度，我们会发现，回转的过程比较没有那么大的阻力、阻碍或抵抗。

是在这过程中，头脑不要再带给我们一个阻碍。

滑回到大我，也只是滑回到带出世界和真实这对称的支点。这个支点，因为我们还需要语言来表达，也就可以说还在这个世界。它不能算是一个交会点，最多算是一个核心——但不是一个实体的核心，而是像我们将洋葱一层一层剥开到最后，有一个“没有洋葱”的核心。

我们的复杂经过简化再简化，减少再减少，到最后，我们的注意力会落在一个核心、一个源头的智慧、一个最单纯的本能。这个点虽然还在世界，但它可以受到意识海或一体的影响；而一体要跟人间沟通，只有通过这个最简化的点、奇点才可以展开。

还有一个重点，也就是我们从相对和有限，跨不到整体。

整体是一个绝对的观念，是无限大、永恒的观念。我们站在有限、局限的层面，无常的层面，永远滑不到那里。通过肉体的作为，是永远到不了整体的，这是一个中心的理念。

肉体永远顿悟不了，**顿悟的体不是我们的小我**。顿悟最多只是什么？好像是整体通过我们的身体，虽然这个身体还带着一些抵抗和阻碍，但它可以顿悟过去。通过我们的体，整体可以顿悟到自己。

相对掌握不了绝对，但绝对包括了相对——这样子，是不是更清楚了？

虽然有阻碍，生命流还是可以绕过去。留下来的，是一点脚印。

顿悟的观念，跟我们一般以为的是颠倒的。

我们说滑回到大我或是源头，还是站在一个有限的世界在表达。如果不是还有一点这样的立足点，我们连这样的表达都不会有。

它是非常不可思议的一个点，让我们简化到底。拉玛那·马哈希所谈的不二论，重点也就是让一个人简化再简化，参到底。六祖也是一样的，就是已经臣服到底，但还是叫我们参。

像六祖这样参，参什么？就是参一个话头。当时讲究的话头“谁在参？”，和后来拉玛那·马哈希的“我是谁？”是一样的。等于说，我们没有答案了。没有答案，就是我们的答案。

到那时候，一个人就慢慢地，好像就跟整体合一了。

合一，不是我们的小我去合一，而是整体把我们吞掉了。

小我不再是主人。

它不再有它的抵抗，不再有它的意见、期待、故事、剧本，没有什么未完成的任务。它已经完全受整体的指挥，被整体吸收进去。

顿悟其实是这样子。

21　身心无法醒觉，但可以停留在神圣的空间

一般人会有一种印象，认为我们通过人间的努力和累积，可以开悟、成道，甚至顿悟。然而，这完全是错误的观念。

我不断提醒这一点——**我们从肉体是醒不过来的，身心没有什么机制或能力足以让我们醒过来**。我们从局限、相对，是跳不到无限大或非时间的境界的。

这是不可能的，也不需要。

我们就**最多停留在瞬间，停留在这神圣的空间**。落到支点、停留在意识的门户、门槛、奇点，也就是停留在神圣的空间，而神圣的空间就是心，或说内心的空间。

怎么进入内心神圣的空间，也只是通过中道。这是最简单、最直接的方法。

中道，从这角度来看，也就是作为一个桥梁，或借用网络的术语来讲，就是超链接（hyperlink）。超链接到哪里？到我们的神圣空间。

这样的神圣空间，是我们每个人本来都有的，只是我们在生活里变得麻木，认为不可能，或是早就忘记了，也就把自己洗脑到一个很小很萎缩的角落。

通过中道，把这神圣的空间找回来，是落回一个没有念头的状态，或说是“非空间”“非时间”，超越了空间和时间的一个空当。

停留时间愈长，可以说是愈成熟。停留久了，无限大的、非时间的、永恒的神圣会来帮助我们，带我们回家。

这是古人都晓得的秘密，只是后来各式各样的传承与法门，为了配合人类愈来愈复杂的头脑，反而错过了这个重点。

或许，我这次谈弥勒佛–基督意识的妙胜智，最不同的地方会是这一点。包括我们面对人间的关系，人生的困难、挑战或者处境，最好的方法也是不断停留在这个神圣的空间，停留在心。

我带来许多的练习，像是感恩、静坐、舌抵上颚（khecari mudra）、呼吸、观想、饮食、运动……从不同层面，希望为大家建立一个神圣的空间，让我们不再那么容易受环境或别人的影响。这一点，对人生受过伤还随时被创伤的记忆与反应所刺激的朋友，是特别有帮助的。

练习：舌抵上颚

中道有一个重点，也就是虽然讲臣服，但并不是完全的被动、不是纯粹的中立，而是带着一点主动当作练习来进行，也就还有一个回转的动作可以谈。

舌抵上颚也是一样的，我一般会说它是意识转变自然的结果——我们住定在自己，身心非常安静放松，舌头会往上面抵，甚至会卷到很后面。虽然是意识状态自然的结果，但也可以作为一个练习，或说一个超链接。

舌抵上颚是一个很被动的练习，只是把舌头往上抵着，抵在上颚的前面、正上面或后面都可以。就这一点点主动，已经带着我们将注意力回转，打开一个神圣的空间。

比如说，睡不稳，三更半夜醒来，甚至失眠，这时候做舌抵上颚，只是舌头动一下，也就带着我们的注意从失眠或烦恼回转。首先回转到舌头本身的动作，眼前本来踩不了刹车的思考、痛苦、受伤、失落，也就变得没那么烦、没那么痛、没那么严重——可以成为一种比较中性的经验，而不至于占据我们注意的全部。

如果我们不做一个动作，光在脑海里想着怎么为情绪踩刹车，是比较难的。反而舌抵上颚这一个简单的动作，随时可以做，而把脑海里一连串的念头给切断，让它的重要性降低。这时，再做一个提醒——“一切都好”“没有事”“欢迎这个瞬间”——通过友善的中立性，也就开始了中道的练习。

只要做，就非常有效。

一个简单的动作，可以带来这么大的效果，也是顺着身心本来的机制而有的。我们副交感神经最大的一个分支，也就是迷走神经。迷走神经将身体的种种感受回传到脑，让身体的体会转为脑海的现实。

舌抵上颚，是刺激迷走神经最直接也最有效的方式之一，让副交感神经活化起来，身心全部放松。身心放松，也就容易回到一种友善的中立性来看自己、看世界。

过去，我遇到有失眠困扰的朋友，也建议他们做舌抵上颚。不用解释太多，他们也会发现，通过一个很简单的动作帮助自己的念头踩个刹车，是有效多了。

光是这么做，我们已经为自己建立了一个神圣的空间。

22　每个人有自己的超链接

要进入神圣的空间、回转到心，方法之一是通过正向的声明对宇宙、对自己做一个肯定。这种正向的肯定，就像一个很方便的超链接，随时让我们从脑海的境界回到踏实的“这里－现在”。

超链接，是从网络借来的比喻。过去我们要取得一个信息，必须要自己到图书馆或书店一本一本地找、一页一页地翻。为了一个地名、一个人名、一段历史、一个科学的观念，可能得翻找一大沓地图、读完几百年的历史、懂了数学又懂了物理和化学之后，才能确定一个名词或观念。

网络普及后，大家在网页、手机点一点就能取得资料。只要有人安排好超链接，并且让超链接指向正确的位置，我们点一下超链接，就能立刻得到一个解答，或者抵达下一个网络空间。过去我们和资料的遥远距离，瞬间被简化成这里、现在就可以得到，好像完全是零距离。

我借用超链接的比喻，谈的也就是练习，但超链接可能会比练习还更贴切一些。全部生命练习的重点并不在于重复再重复的功夫有多熟练，而是通过一个声明、一句话、一个念头、一个感受、一点提醒，看起来连练习都称不上，却让我们可以立即跨越脑海的障碍，回到心，回到真正重要的地方。

我个人的看法是，每个人都有自己的超链接，而且随时可以采用自己的超链接。除了正向的肯定、声明“宇宙不会犯错”“一切都好”，神圣的形相、持咒、朗诵、疗愈的声音、感恩、呼吸、五官的感受……全部可以是我们的超链接。如果我们有最高的尊敬心，就连经典也可以成为一个门户，带来超链接。

对我个人来说，大圣人的经典是一生用不完的宝藏。

前面提过，我并不是通过经典来体验真实，而是年纪很小就发现从经典可以验证自己的体验。最早接触的就是《圣经》，几乎每一段对我都是超链接。再长大一点，接触佛教的经典，发现释迦牟尼留下来的每一段话是超链接，《六祖坛经》也是。然后再接触道家、古希腊的经典或是其他的书籍，也都含着超链接。全部都是如此。

圣人的形相，对我也是一样的重要。在《奇迹》中，我提过第一次看到虚云老和尚、拉玛那·马哈希的照片，当时感觉时间完全冻结，事后回想可以说是一个超越时–空和脑海的体验。

我也时常在心里念诵《心经》最后几句话："*Gate gate pāragate pārasaṃgate bodhi svāhā.*"（揭谛揭谛，波罗揭谛，波罗僧揭谛，菩提萨婆诃。"解脱了，我们本来就是彻底解脱，完全解脱！多么殊胜的醒觉！一起庆祝吧！"）

这几句话，对我是一个非常直接的超链接。不知道发生过多少次，我一听到这句话，意识就好像到了另一个境界，跳到另一个空间，而且很长一段时间没有念头，处于一种定的状态。

这种定、没有念头，事后想起来当然是舒畅的。像前面所说的，一个正向、舒畅的念头或感受，会带来一种正向的动能，造出一个正向的螺旋场。有时候不光是带动了心理和感受的层面，甚至能牵动物质层面的转变。

我想分享两个和《心经》这句话有关的小故事。

我在中国台湾曾经遇到一位朋友，他的孩子出生时全身是软的，到了一岁多快两岁还是如此，好像神经系统的发育出现了异常。

当时，我让他试一个油膏，也教他帮孩子按摩。这个油膏是以西方预言家 Edgar Cayce 的配方为基础来调配的，我又另外加上陶瓷的黄金和一些有机螯合的微量元素（当时称为真原素）。没多久，他就发现小孩子的状况有改善。

有一天，我一边帮助他为孩子做疗愈，一边在心里默诵 *Gate gate pāragate pārasaṃgate bodhi svāhā*。这时，好像体会到一个画面，于是我问他："小孩子以后可能会出家，走心灵的路。你跟你的妻子会在意吗？"当时他说："只要小孩健康，高兴都来不及。"

几年后，这位父亲特别来找我，想跟我说孩子的状况。他说小孩四五岁了，有一天到庙里，突然就坐下来盘腿待着，好像要开始讲经。从他的表达，我知道，这位父亲还没有心理准备。

另一次是在巴西。一位女士特别邀请我去见一个小孩子，她说是某位亚洲大师的转世。孩子当时也是四五岁，一见面就爬到我腿上静静待着。他的眼神，和一般巴西小孩完全不同。

我用巴西话问他："你想不想听一句话？"然后就摸着他的头，念了 *Gate gate pāragate pārasaṃgate bodhi svāhā*。突然，他的眼睛翻了上去，只露出眼白。我重复念了三次，他就像完全入定，好久都没有动。

后来，我告诉他的父母："你们的孩子将来会走心灵的路。这一点，你们可以想一想。"他们本来希望我能把孩子带回美国照顾，但我实在太忙，只能婉拒。

对我，《心经》这段话非常重要，随时带给我一个超链接。有时候，在超链接的过程中，似乎进入了一个无形无相的层面，而带动了身边的物质或影响到人的意识，为周遭带来改变。

这一点，我觉得很不可思议。

练习：祝福身边的景物

确实，每个人有自己的超链接，而这超链接不见得是一个宗教或传统修行的形式，只要能帮助我们将注意力从现象层面回转到自己，就是好的方法。

随时随地，我们都可以通过和身边事物的互动做中道的练习。就连身边的景色、人物，也都可以为我们带来超链接，建立我们的神圣空间。

出门旅游到了一个景点，过去我们可能急着拍照、忙着安排接下来要进行的事、想着要怎么抵达下一个点；现在，我们可以给自己一个完全不同的体会——带着正向的念头点点滴滴观察眼前，也许是一座山，也许是一棵树、一片湖泊，或者很普通的一个停车场、停下来买咖啡、借用洗手间的地方。

我们可以在心里单纯地描述这座山、这棵树、这片湖光山色、眼前画面的每个细节，不加一个好、坏、美、不美的评价，不和过去、未来的印象做比较，只是带着一种淡淡的欣赏和肯定，这本身就对周边的环境产生了一种祝福的作用。

我们祝福身边的一切，也在祝福自己。这样的观察和描述带来的空当，让我们脱离脑海的惯性，而让注意力得到一个回转的机会。

不光是旅行途中的风景，我们可以这么祝福，就是在平常熟悉的环境，例如家里、工作的空间、上下班的路上、购买食物的超市或市场，我们一样可以祝福——带着新鲜的眼光，只是单纯地描述眼前所看到、听到、闻到、碰触到、尝到的，而带着一种淡淡的欣赏、淡淡的欢迎。

试试看，我们练习时，已经将脑海的回路踩一个刹车，而让注意力得到回转。

这样的空当，可能是许多朋友一生没有体验过的。

23　暴风的中心，意识的门槛

我通常会在共修或演讲前，通过各种能量和频率的音疗，帮助大家建立一个舒畅而放松的神圣空间。这方面的学问，在西方是从新时代的贝利女士（Alice Bailey，公元 1880 年—1949 年）通过奥秘疗愈（esoteric healing）而开始的。

贝利写过一本书 *Dweller on the Threshold*（暂译《门槛上的守门人》。“门槛上的守门人”是奥秘疗愈传承的一种表达，意思是一个庞大而难以跨越的念相，挡在追求真实的英雄和真实之间，将我们困在概念的世界，难以前进。

这个比喻和“灵魂的暗夜”有点类似，都在描述一种很难度过的关卡。最后的突破，几乎可以说是要面对我们个人过去全部业力的总和，需要很大的决心才能度过。

我们走到最后，要度过这样的关卡并不容易。

如果我们能够完全一致 —— 心灵和物质层面的领悟达到一致，而且这一致可以通过个人的行为或状态展现 —— 大多层面已经成熟，可以看清某个层面的阻碍，也能够克服，那么，走到最后，会比较容易过关。

如果每个层面都不成熟也克服不了，比如身体发炎、有疾病、到处不对劲、心理有障碍，再加上过去业力的阻碍，在这种多重障碍的状况下，要突破是非常难的。

正因如此，我才会不断强调中道的重要性，而且不断提醒从每个层面去着手。

这样的关卡，走到最后，我会用落到暴风眼或落到奇点来比喻。用暴风眼来谈，要强调的是它的潜能最大，但没有声音、没有动作，就像上页的图一个螺旋旋到底，而螺旋到达最低点、最深处，也就是暴风的中心，那里也可以说是奇点。

在奇点，好像一切都在里面，像天文学讲的黑洞。然而，黑洞也可以变成白洞。也就是说，它带着最大的潜能。它可能不动，但那是潜能最大、濒临突破的临界点。

大我，或者前面讲的“源头的聪明”也是这样的奇点。

中道可以把全部的层面整合起来，统一起来，让我们通过行为去跨越所有其他层面的阻碍，就像“门槛上的守门人”所描述的，在接近突破的边缘上，不再回头，更容易渡过难关。

24 多层面的组成，多层面的切入

任何方法或不是方法的方法，都可以是中道的工具。

生命是多层面的组合，既然如此，只要有工具让我们可以突然体会到真正的自己并不是这个小我，真正的身份是整体，我们可以不被小我限制……为什么不采用？

从修行的角度来说，连习气也是一种工具。我们的习气之所以存在，最终的目的是等着被打破。我们可以走出它的影响，而不是只在它产生的模式和回路中打转。

正因如此，我会带着大家用种种呼吸的方法，通过完整的呼吸谱，打断不良的呼吸模式，将体质做一种基础的调整，重新把均衡状态找回来。此外，我也提醒大家从饮食着手去调整体质——一种更重、更具体的回路或模式。

素食或肉食并不是调整的重点，对现代人最重要的是戒掉过度加工的饮食、少用精制糖和精制淀粉、尽量不用精制的种子油，这些项目已知会刺激身体的发炎反应。如果我们的身体随时发炎，总是不均衡，这里痛那里不舒服，心情不开朗，可以说注意力都被身体绑住，而对世界的看法一定是负面的。

许多人的饮食过度偏重碳水化合物，而且是容易刺激胰岛素过度分泌的精制淀粉和精制糖，从早到晚都带来血糖高低的波动，让我们的注意力跟着起伏，而在情绪上容易过度紧张、过度兴奋。这样一天下来，要让情绪踩刹车，我认为相当困难。

特别在这个年代，我们对自己、对别人的要求很高，带来很大的情绪压力。我会提醒大家要提高饮食的脂肪比例，采用高脂低糖甚至生酮饮食。很多心理层面的障碍，是反映脑部的不均衡或失调，而饮食的调整可以带来疗愈的作用。尤其如果正在适应环境的变化、有压力、情绪不稳定、人跟人互动很容易带来愤怒和不谅解，脂肪会为身心处理情绪的系统带来安定的力量。

从呼吸、饮食、饮水、运动（有氧、健身、拉伸）、心理的管理、习惯的改变……我们从生活点点滴滴得到支持，每个瞬间都做一个快乐、敦厚、宽容、完整的人，为身边的人带来希望。这不是为了别人，而是为了我们自己。

有机会，我也陪大家接触音疗以及各种频率、振动和能量的疗法，并且用各种方式去重复练习。就像静坐可以用各式各样的方法带出专注和观察的组合，每个疗愈、每个练习，都可以让我们进入臣服，或者参。

当然，前面才说过——从有限、相对跳不到绝对，身心无法开悟——那为什么要从这些具体的练习去着手？

可以说，是我不放弃任何可能。只要有工具、有机会，都希望带着大家让身心集中，让念头、情绪和反应简化，也就是尽可能减少小我带来的阻碍，实现净化。

净化、集中、投入到一个地步，有些朋友突然体会到——我们可以体会的这一生，还是头脑的产物；我们真正的自己、大我或整体的我、宇宙的我，并不是头脑能组合的，不是从头脑延伸的。

我们有个永恒的层面，但是我们平常落入时－空，就忘记这非时间、非空间、不受时－空制约的部分。我们忽略它，接下来当然就是被洗脑，想从里面再转出来是非常不容易的。

通过练习，我们提醒自己也许有一个不需要的反应，或是过度激烈的反弹。我们懂了，被自己提醒了，也就可以回到本来就是、本来就有的特质。只要我们还活在身体，还在人间运作，老老实实、规规矩矩、既谦虚又诚恳去练习，通过练习给自己一点提醒，就是每天都需要的。

过去，我会遇到一些朋友，他们给我的印象是他们认为自己懂了，已经开悟，全部都清楚了，不需要再从别的层面去练习。如果对方还听得进去，我还是会跟他们说："不是这样的，我们想得太简单了。"

他们会需要这么表达，也只是反映了自己还没有做到，还没有活出最深的领悟。

我们如果彻彻底底领悟，让领悟贯通每一个层面，是说不出这些话的。毕竟我们就是自己所想、所活的。说到底，我们就是它。从念头、情绪、身体、能量……的层面，我们都可以活出它。我们会很快乐、充满喜悦地欢迎练习的机会。

通过练习，我们只是既轻松又快乐地用练习来庆祝、祝福每一天，让我们的领悟愈来愈扎根，愈来愈深。

我们就是最终醒过来，彻彻底底醒过来，我们还是在活出这些特质。所以在做这些练习，跟我们声明自己的本质没有什么不同。我们的本性通过行为，可以有几面一体的表达。做一些练习，会有什么冲突？

懂了这道理，我们会发现全部矛盾都化解了。表面上，我们在练习，但到最后也分不清是练习，还是我们真正的身份在声明它自己。

我们的表现和领悟已经分不开。练习，最多在声明我们本来就是的层面。它不是虐待自己，也不是苦修，只是一种不费力、没有选择的行为，是我们自然会想做的。

从我们开始修行，到走到最后，都是一样的。无论是初学或是到最终的阶段，练习都从各个层面为我们自己带来加持，带来和真实、和领悟一致的祝福。

我们要达到圆满心，身体在生理层面的圆满，会是很好的帮助。

呼吸，本身就是最好的静坐方法，或说观察生命、体会真实的一个工具。它有一个特色，也就是同时有自主与非自主的运作。我们可以在一定的范围内，按照我们的意思让呼吸加快、变慢、加深、变浅；也可以完全不管它，在我们注意不到的时候，它还是会自己进行。

这宝贵的特质，让我们可以通过呼吸来培训身心。练习时，我们通过意念去影响它、带动它。熟练了，等我们忙别的事或晚上睡眠，注意不到它，这时的呼吸频率依然可以延续练习的结果。

通过呼吸，有一个频率可以带动全身心的谐振——肌肉放松、心率变异性（HRV）正常化、自主神经回到均衡，而让身心落在一个舒畅的频率，最不费力地运作。

这样的呼吸非常简单，也只是1分钟6次、5次或4次呼吸。进行的时候，可以保持舌抵上颚，加深放松的效果。

我一般用磬声和鼓声来引导，磬声吸气，鼓声吐气。1分钟6次呼吸，就是吸气5秒、吐气5秒，一吸一呼共10秒。我们也可以找一个重复的海浪声或其他声音，来辅助练习。

还不熟练时，可能时间还没到，气就吸满了，这时可以轻松闭气，等时间到了再吐气就好。吐气也是一样的，如果时间还没到就吐完了，也就闭气，等时间到再吸新的一口气。

就算节奏乱了，一下子完全跟不上，也不是多严重的事。干脆停下来，长吐气几次，再重新跟上就好。

一开始接触，可以安排在睡前做20分钟。轻轻松松躺着，用呼吸练习来面对休息，如果能睡着，那是再好不过。谐振式呼吸的波动可以延续到睡眠中，而又因为睡眠肌肉更放松，更扩大谐振的效果。

习惯了，平时做静态的工作、轻度的家事或慢步调的散步时，都可以同时练习 1 分钟 6 次的谐振式呼吸。我们只是把自己完全交给呼吸，交给身体的波动，不知不觉也就放过“我”的概念带来的干扰。

做得熟练了，可以将呼吸频率再放慢到 1 分钟 5 次（吸气 6 秒、吐气 6 秒）。进一步有基础了，可以再尝试 1 分钟 4 次（一呼一吸共 15 秒）。

有些朋友平时比较认真，做呼吸练习会格外用力，反而让肌肉紧绷、吸气和吐气变短，落不到这个让人舒畅的频率上。如果注意到自己有点吃力，跟不上 1 分钟 6 次、5 次、4 次的频率，可以先长吐气两三次让肩膀放松，再重新开始。

重新开始时，记得轻轻细细吸气，慢慢吐气，重复两三分钟后，呼吸自然会落在一个舒畅放松的频率上。接下来，就把自己交给这个频率，也就没有事了。

愈放松，愈容易做。愈做，愈能够放松。

这是练习的一个关键。

25　友善地化掉每一点阻力

中道，也就是面对样样，不光是中立，还是带着一种友善的中立性。

见证本来是一种中性的观念，也就是面对样样，我们都是很客观，保持一种淡然的中立。但中道的中立比纯中性的中立再多一些，也就是友善的中立性。抱着中立的态度，但高兴地去做见证，带来爱，带来慈悲，带来喜乐，带来包容心。

这样的见证反映我们的本质，同时符合古人的理想，为我们带来诚恳、敦厚、温暖，充满光，充满鼓励，充满希望。这是中道的见证，或说观。

到最后，我们醒过来，是整个宇宙、整个心、整体来醒我们。不是我们自己醒过来，个体醒不过来的。是整体来贯通个体，整体拉起我们的手，牵着我们回家。或是更直接一点讲，是整体来吸收我们、吞掉我们，把我们化解、解构、解散。

我们可以看看，这些话现在是否可以接受？

但是，我们活在这身心，多少还是带着一点摩擦、一点阻碍、一点阻力。我们再怎么净化，认为自己已经变成一个空的容器，到最后还是有点影子——我们还是活在这个世界，还是有这一生带来的随伴业和阻碍。我们活在世界很认真，认为样样都是真的，当然有阻力。

我们足够成熟，阻碍愈来愈少，也就有机会让整体来贯通，就像我过去用“短路”的比喻——电路的电阻突然降到很低，可以让无限大的电流流过去。但我们还有一点东西残留着，也许是还没有完成的任务、没有满足的心愿、空不掉的一点点“我”，让整体贯通时不是完全没有阻碍，还会经过这些残留的习气和业力而产生摩擦，给身心留下一些印象。好像整体会留下几个脚印、一点记号、一个信息，表示它曾经来过。

友善的中立性，是这样的一个脚印。

我们带着友善的中立性看世界，这种味道和印象，跟我们醒过来看这世界的眼光是完全一样的。并不是我们醒过来，就有一个神圣的、特殊的大我、整体、一体在看世界，和小我不一样，而我们要活着小我／大我的双重生命。其实醒过来，我们还是只有一个肉体在世界生存。是这个肉体在活，但整体带着我们走。

整体怎么带着我们走？也只是给我们几个脚印、一点印象，让我们好像站在一个友善的平台看世界。用这种最友善的方法，绝对才可以很轻松地把这印象，交给这有限、相对的世界，交给我们这个肉体。

我们都会注意到，现在这个时点，世界完全是两极化，充满了对立、摩擦和阻力。我们有最方便的信息来源，随时可以发表意见。可以称赞，也可以攻击。特别在网络上，我们一点余地都不保留，不想考虑对方的感受，不想踩刹车，想讲什么就讲什么。不用谈圣人的境界，光是人和人最基本的礼貌和同情老早就被忽略了。

在这种随时摩擦的阶段，友善的中立性在修行的道路上是特别重要的，是我再怎么强调都不为过的。

朗诵的发声，也从另一个角度反映了我们的身心是不是有阻碍，是不是有很多摩擦。

我们都有过经验：心情窝囊、身体紧绷时，要讲话或朗诵，会感觉声音很紧，一会儿就没气了。如果心情愉悦、身体放松，不光是声音很放松，而且身体没有太多阻碍，就好像身心成为一个很好的共鸣腔，放大声音，也扩大心流。

练习前，我们可以体会自己，无论是紧绷、是放松，都对目前的状态做一个诚恳的感恩。朗诵时，无论我们气够不够、身体放不放松，只是用友善的中立性来接待——不加评价、不担心自己的进展，只是欢迎眼前的朗诵，并继续朗诵。

有趣的是，不去管它，多重复几次，我们反而气拉长了，身体放松。原本的紧绷、阻力和摩擦不知道去了哪里，我们愈做愈享受，愈享受，愈容易放松。

我时常带大家朗诵，一方面可以把心收回来，另一方面带来呼吸的大调整，有补气的作用。从生理的角度来说，带着鼻音的朗诵，可以刺激鼻窦产生一氧化氮，为呼吸道和身体带来放松，减轻呼吸道的发炎，让我们愈做愈舒畅。

我常带领大家朗诵 Om-Ah-Hum，此外也选择朗诵起来会舒畅的声音来进行。我通常建议的组合是用子音搭配 A-E-I-O-U 五个元音，并在最后将嘴唇合起来，带着 m 的声音去共振。比如“Ham、Hem、Him、Hom、Hum”“Tam、Tem、Tim、Tom、Tum”“Tsam、Tsem、Tsim、Tsom、Tsum”……都是可以的。

朗诵时，声音可以拉多长就多长，这本身已经是一个呼吸的练习，让我们把旧的能量清空，而让新的能量可以进来。

我们朗诵，会带动身内微微的振动。如果可以的话，搭配光的观想，声音到哪里，光就到哪里。朗诵到最后，我们不光是声音愈来愈放松，甚至感觉到光扩大开来，流到周遭，流到世界。

静坐前、洗澡时或单纯只是想朗诵时，都可以做。有时候甚至不需要念出声音来，我们只要去观想它，就能产生身体生理上的作用，非常明显。

要是气不足，喘不过气，就把朗诵的时间缩短一点。重点是轻轻松松地进行，熟练了，呼吸会自己拉长，而可以带来提神与放松的效果。

我们可以在生活的每一个现象找到神圣的空间，包括声音。每个声音都是神圣的，练习的过程一样可以做臣服的功课。有什么反应或感受，都接受，都放过。感觉舒畅、有光、放松……和紧绷不舒服都一样的，我们都感恩地接受，都爽快地放过。生活可能带来一些窝囊和烦恼，我们一样都接受，都放过。

在臣服的基础上，我们加上感恩和欣赏的念头来接待一切，肯定一切。瞬间怎么来，我们不受影响，只是正向地接受，带着感恩，带着欢迎。

再一次，中道就是重点。

26　样样都尝试，都可以套上中道

前面提过，过去的大圣人通常没有亲自留下作品，更别说什么论、注解、解说、学术论文。我们读到的，最多是弟子留下的记录。

这些经或作品，是弟子认为需要，我们认为需要。然而，大圣人根本不需要。他并不需要记住什么、翻译什么，不需要做什么动作。他轻松得很，知道根本不需要说服任何人，转化任何东西或任何体。他本身已经是在一个解脱和涅槃的状态。

经典和作品，是小我需要。练习，也一样是为了小我——希望小我受到影响，受到洗脑，受到解脱。

对我来说，每个体验、每个动作、摆一个姿势、做一点祷告……都可以作为练习。或者说，我们活出可能性的光谱（spectrum of possibilities）的每一个角落，都可以作为练习，甚至成为一个超链接，马上带来神圣的空间。

多年来，无论讨论的是饮食、呼吸、人际关系、对世界的看法、习气的转变，都离不开这样的观念。

每个人的成熟度不同，有时候就像一个还在成长的小孩，样样都新鲜，都想去注意、想去体验。这时硬要让自己停下来，是停不下来的。我们耐不住，也没有这种定性。既然如此，就顺着这个状况走。我们在成熟的过程中，大可样样都去尝试，对人间全部都可以去着手，不需要排斥或躲开。

我们在可以体验的范围内，什么都尝试过，到最后也逐渐会变得

成熟 —— 发现再深刻的经验，也不过就是又一个体验，没有什么真正新鲜。甚至，可能还会觉得有点麻木，都是老早知道的。

我在《唯识》中提过印度的圣人阿南达玛依，对她就是“It’s all the same.”样样，都是一样的。没有什么值得再加一个头，或需要去减少什么。对别人每件事都有一种根本的不同，对她最多只是现象或形式稍微有点不一样，差别只是在这里。

如果我们样样都尝过，都经历过了，这时可能比较容易体会到，任何体验都没有什么新鲜性可谈，而且会观察到一个机制，也就是我常说的回转到中道。

我有时候也不解释那么多，直接带着大家做数息，示范从呼吸回到中道。

数息的做法很简单：并不需要特别调整呼吸的深浅长短，只是注意呼吸，在吐气的时候数 1，然后吸气，再一次吐气，数 2。继续吸气和吐气，吸气不数，吐气才数，从 1 数到 10。10 次满了，下一组呼吸就回到 1，重新数过。

重点只是数息，吐气的时候数。只要数，不是要累积多少数字，也不是要破纪录。如果过程分心，有杂念，正好我们可以用友善的中立性来欢迎它 —— 对自己笑一笑，什么都不用想，只是回到数息。熟练了，念头和呼吸自然慢下来。我们身心会放松，会舒畅，接下来，看世界也会变得正向。

接着再观息，随息，或做任何练习，我们的注意力愈来愈放松，从原本还有一个吐气要数，到只是看着呼吸，再来呼吸就像是一个客人，它来，它走，我们随它。

带着这种正向的味道来做各种练习，不管是呼吸、运动、观想还是态度的转变、反思……本身会带着我们回到中道，让我们欢迎生命、肯定生命，并带来感恩。

我们的心会转变。首先，它会影响我们的生活。我们的念头慢下来，心流就会出现。每个念头、每个动作、动机都从心流出来。它会影响我们做事的点点滴滴，不管是小事还是大事，都会往好的方向影响，并且影响我们一整天。

所以，一个很务实的切入点，也就是我们先把健康的谱找回来。身心的抵抗变小，脑海不再需要随时反弹，我们继续观察，慢慢会发现任何现象都差不了多少，没有什么好大惊小怪，也没有什么体会特别稀奇。我们会发现这瞬间还没有来，却好像已经活过了，样样都一样。

这样子，我们不知不觉就成熟了，发现自己原本注意力是集中在外面，到这时早就自然转向内心。

27 观察呼吸，带着中道的练习

顺着我们身心的机制，有好多方法可以引导自己放松，回到一个中立的地带，走上中道。反过来，懂了中道，我们即使做同样的练习，也会发现深度完全不同。

我常带着大家数息之后，接着做观息。观息，也只是放松注意力，好像退几步，在观察自己的呼吸。呼吸一进一出，生命也只有眼前的一进一出。这个瞬间来，这个瞬间走；下个瞬间来，下个瞬间走。

观息，我们突然看穿念头和现象的变化，将生命简化再简化，而它本身又是很具体的呼吸练习，熟练了，身心舒畅，我们会欢迎这些练习，甚至舍不得不做练习。

一个人轻松醒过来，呼吸会慢下来，而随时可以观察到呼吸。呼吸，也有它的惯性。我们突然醒过来，不需要刻意去调整，习气已经有很大的松动。

我们醒过来，突然看清人间是空的，本来就是很容易改习惯的时候。虽然说容易，但我们还是要规规矩矩，随时把一生累积的习气做个修正。随时见证，随时修正，两方面配合，我们会发现意识转变会加快。

任何习气，包括呼吸，都可以当作工具。至于怎么使用工具，也只是搭配最终的状态，也就是我们醒觉的状态、醒觉的成就。举例来说，“我－在”的呼吸就是这样的一个工具，让我们把醒过来的状态、神或主的身份，带入练习。

当然呼吸有很多种变化，我也常带着大家做完数息，接着做观息。观息，也就是观察呼吸。不用去数自己做了几次，只是观察呼吸，尤其在吐气快要停下来的那个刹那、那个瞬间，轻轻注意到它。

把注意力轻轻停在吐气要停的时候，这就是古人 *Anapana* 的法门（安般念），也是释迦牟尼教给自己的儿子罗睺罗的方法，非常直接，也非常有效。

练习：从数息、观息，进入心流

可以的话，安排至少 20 分钟到半小时的空当，让自己不用那么紧迫，可以轻轻松松充分投入练习。

我们找个舒服的姿势，躺着也可以，坐直也可以，都无所谓。如果坐着，可以盘腿。双盘、单盘都可以。记得在臀部后方垫一个垫子，这样挺起腰会轻松许多。

舌抵上颚。吸气，吐气时，数 1。吸气，吐气时，数 2。每次吐气，都加 1。这样数到 10，再回到 1。做几轮，都好。

杂念浮出来，没关系，还是回到数息。熟练了，心里愈来愈安静，甚至连数数字都懒，也就慢慢把数息转成观息，观察呼吸一进一出。

观察呼吸时，注意力可以放在丹田、胸腔、鼻子上，观察呼吸一进一出，一起一伏。吐气快要停下来时，稍微注意一下，在吐气快要结束的那一刻，注意它是不是长、短、冷、热……或有任何特质。我们只是放松或集中自己的注意力，用最舒畅的态度来看呼吸。

我们本来好像只是中立的，不去影响它，不去调整它，但不知不觉已经转成了一种友善的中立性。我们只是观察呼吸，没有去影响呼吸，自然会发现好像带着一种喜悦。带点欢迎、肯定、感恩、享受的心情，也就影响到呼吸，而把绝对的喜悦带到了相对的呼吸。

我们醒过来，最多是友善、圆满、大平静、平安、快乐、喜悦、慈悲。稍微带着这种味道，当成生活的背景，来面对一天的任何事、任何瞬间。我们会发现，不需要干涉，光是站在一个神圣的空间，已经影响到这瞬间的内容、瞬间的发生。

这可能是最大的秘密。

绝对影响到相对，是用这个方法建立一个背景，带来一种友善的中立性。

我们只是通过友善的中立性来看呼吸，欣赏 *Anapana*—— 念头跟念头之间，呼吸跟呼吸之间的空当。不是用一个具体的看法、逻辑或知见去面对，完全只是站在一个平台，好像这个平台就是绝对。绝对的平台影响到相对，我们认为是被动的背景，影响到了前景，将一点印象或脚印落到相对。

如果我们彻底活出这种友善的中立性，做一个见证者，对呼吸做见证、做观察，我们可能会发现，这种练习要做多久都可以，甚至一天、两天、三天都是小事。我们只是轻松住定在那上面，只是在休息。没有刻意或费力做什么，最多只是自在，自在在呼吸上。我们跟呼吸完全同步，融化在一起。呼吸慢，一样地，念头也慢；呼吸停下来，一样地，念头也停下来。

不知不觉，我们进入了一个心流。心流就是我们，我们就是心流，分不开。

28 “我－在”的呼吸

“我－在”的呼吸带着一点正向、一点舒畅而放松的感受，是一个身心会欢迎的练习，也是一种中道的呼吸练习。

做“我－在”的呼吸，首先吸气，心里默念“我”，把全部能量带进来，让自己落在神的身份看这世界；吐气，默念“在”，把善意和光回向给地球，送给宇宙。

如果是一天刚忙完，身心还比较紧绷，可以用嘴巴吸气，嘴巴吐气，做比较激烈的调整。几次后，身体没那么紧了，再回到鼻子吸气，鼻子吐气。

通过每一次呼吸，我们为自己带来满满的活力，气也补得满满的。最重要的是，观想自己是主在看世界。想想，主、上帝、佛，会有烦恼吗？会觉得还有某个东西不完美，需要修正吗？还是可以放过一切？

我们这一生还没来，一切是圆满。走了，还是圆满的。圆满，跟“我”一点关系都没有。哪怕我们从早到晚忙得很，有多高远的理想、多诚恳的愿望、多强烈的渴求，还是一点关系都没有。

做“我－在”的呼吸，也可以保持舌抵上颚。我们好像站得很遥远，全面站在佛性、神、主的角色来看这世界，活这一生。

带着一种空灵的观念来看世界，我们的念头就少了，而落在一种非时间的永恒、无限大、绝对的心境。最有意思的是，在这种心境，我们还是可以读书、上班、与人互动。只是推动这一切的，不再全是小我，而是另一个更深的层面带着我们走。

这是我们最自然、最轻松、最没有选择的体验，跟用功不用功、做多少练习一点关系都没有。这是我们的本质，是我们出生就有的权利和本能，谁也带不走。

我们甚至不用提醒自己改习气，到这里，每一个瞬间的习惯可能已经有了变化。穿衣、打扮、饮食、运动、姿势、呼吸、思考……各种生活习惯都得到简化，简化到底。

无论习惯有没有改变，我们还是一样继续做“我－在”的呼吸，站在主、神、佛性做见证，见证眼前的习气，放过眼前的习惯，只是让一切存在。

没有事。

只是头脑不会放过，还可能一再质疑——为什么还需要做这些？还要改变？还要一个见证？还要让一切存在？假如我们都透明化、都懂了，为什么还要继续做？

答案就是——

我们成熟、见道、悟道后可能活出什么？

活出来的，和我们的领悟分不开。比如说，我们对头脑、对物质、对现象、对世界的需要会简化到一个地步，几乎可以说是舍离。我们生活点点滴滴——饮食、呼吸、休息、静坐、运动、各种练习……会完全和领悟一致。

这是必然的结果。

我们做的，也只是干脆让最终可能的结果提前发生，现在就进行。

我们还是规规矩矩去做，一天下来随时建立新的习惯，样样都可以改，一个接着一个念头改，活出极简的生命。我们做见证者、感恩……也一样是把最终的心境，带到前面来。

整个全部生命系列，或妙胜智的核心，最多就是这样子——把最终可能的境界和行为带到最前面，从初学就进行。

一路走过来，这些练习不断重复而没有改变，只是随着自己理解深度不同，愈来愈扎根，而带动我们的熟练度和成熟度。

这是一个整体的道理 —— 我们把友善、正向的中立性带到每一个观察、每一个体会、每一个练习，就好像把最终真善美的平台、大爱的平台带到人间。

这个友善、大爱、大光明、大智慧的平台，让我们站在绝对的层面，而同时看相对的层面、见证人间、体会人类的处境。

这样子，我们注意力的平台移动了。从相对，移动到绝对。从无常，移动到真实。

“我－在”、主的身份、生命的本质既是练习不来的，但同时也是一个随时可以做的练习。毕竟它最多是一个提醒，在人生的梦、人间的游戏里提醒我们——不劳争取就有、不用追求就是的部分。

然而白天一般认为“清醒”的状态，“我”的作用特别旺盛，对初学的我们，要回到“我－在”，有些朋友会觉得要额外踩一个刹车、需要头脑转一个大弯，会感觉费力，或感觉很虚，不知道怎么着手，反而把“我－在”当作一个很难的练习。

这时候，我们也不需要跟自己对抗。顺着“我”作用的起伏，把握睡前和刚醒来的时段进行，10 分钟、20 分钟，一样也有很好的效果。

在这个时段，“我”要不正需要休息，要不还没完全起作用，正方便我们掌握睡前和刚醒来这种一般认为“不清醒”的状态来进行——吸气，心里默念“我”，让自己落在神的身份来欣赏世界，让神的光充满；吐气，默念“在”，把善意和光交给宇宙。

呼吸的长短不重要，我们只是轻轻吸气，慢慢吐气。我们是主、是神、是心灵，没有什么好急的。我们只是吸气，吐气，欣赏周遭的一切，接受一切。一切都好，而都是生命的创造，也都会回到生命本身。

如果是睡前进行，不知不觉睡着了，也就安心落在睡眠，在不生不死的本质得到最深的休息。如果是刚醒来进行，尽量保留几分钟“赖床时间”，在好像知道、好像不知道的空当多停留一会儿，熟悉这种舒服而放松的状态。

这种状态，会是我们一整天的指南针——扩大我们的体会，也不断为我们的脑海松绑，随时提醒我们一切都好，样样都没有那么重要，都可以欣赏，可以放过。

29 不费力，停留在本质

“我－在”很轻松跟呼吸结合，是非常不费力的方法，完全符合我们所谈的中道。做“我－在”的呼吸，站在主、神、佛性见证一切，也就看穿“我”带来的习惯，包括呼吸。

我们臣服到底，什么都交出去或什么都接受，剩下唯一不动摇的就是根本的聪明、生命的本质。我们站在这个本质，就是参，清楚看世界化现，看它消失。

这个本质，也只是“我－在”。

除了“我－在”，我们也可以把它变成“在觉吗？”“在观吗？”“在知吗？”。只是对眼前的功能打个问号，轻松提醒自己——

“谁在觉？”

或者“觉？”“在？”。

熟练了，提醒可以愈来愈简短，甚至连一个字都不用。只是点一下，不需要追求答案。它也不会有一个答案。我们最多停留在“知”“觉”“观”“在”的源头。

这些简单的方法，都把我们带回到中道。平时，我们还可以从数息到观息，到随息，到头来连呼吸都放过，我们也只是停留在这源头。

有呼吸，有念头，我们都知道，都可以放过。这瞬间还没来，我们就已经把它送走，甚至懒得知道，没想过要干涉。下个瞬间还没有来，我们也已经把它交出去，把它完全接纳了。或者说，我们已经没有一种时间的观念。

在这种什么都放过，都懒得注意的时候，我们最多是不费力注意到一个聪明的源头、注意力还没有出发前的一个点、一种奇点，而好像可以站到它的角度看世界，看一切。

我们带一个友善的中立性——接纳、接受、“Yes!”欢迎的心，来看一切眼前的发生。这种心情，当然会影响到下一个瞬间，而让我们观察任何事物，可能就把它带回到心，带回到一种友善的层面。

这非常有意思。

觉，只是觉——我们念头自然减少。念头变少，话也少了，我们安静没有念头，注意力就回转到自己。带一点正向的味道，我们滑回到中道。

我们不断地重复这些提醒和练习，方法都是一样的。唯一的不同，也只是因为成熟度不一样，而有不同的体会。

真实不靠做、不靠动，只是单纯的存在。如果还要用一点动态来描述这轻松存在的过程，也可以借用物理的语言——像乐器调音的过程（attunement），让接近的两个频率直接落到同一组波动上，也就是共振。

共振，指的是跟生命接轨。臣服与参，就是让我们回到一个轨道、一种心流，跟生命、跟整体实现共振。我们与生命有多接轨，也就决定了我们臣服到什么地步，或是参的成就可以到哪里。

通过中道，我们在做臣服，无论注意到什么，全部都可以交出来、可以放过，也可以全部都接受。走到最后，也就体会到一种参的味道。我们会发现，这些方法是几面一体。无论用什么方法，最后都会到臣服跟参。

人间只是小事，人间的共振和同步只是后果。一切的方法，一切的经验，一切的动……全部都可以让我们回到中道。我们只是沿着自己的路走下去，与整体、与一体、与生命、与心实现接轨。

30　通过中道，从根本改变习气

前面这些练习，都为身心带来放松和舒畅。对身心友善，这本身就是一种正向，也是我们中道和修行的基础。

中道，为纯粹的中立性额外加上一个正向或说善意的轨道，确实和单纯的见证有点不同。然而，只是简单加上一点淡淡的善意，我们就已经臣服——在心中打开一个可以接受事实、接受眼前、接受千变万化现象的空间。

臣服，样样都可以交出去，也是样样都接受。臣服到最后，我们体会到还剩下一个源头的聪明，是能够接受一切的本体或本能，而我们也无法再将它交出去。

我们不断做臣服，不知不觉就滑到参，停留在这个源头。心影响到我们的念头，从这个本能出发，再带着一点友善的味道，也进一步影响我们对人生的看法。

这样子，我们不光是外壳好像换了，就连个性也有了改变。

改变成什么呢？改变成一个友善的人。

采用中道，我们不再重视瞬间的内容，而是完全臣服——把它送出去，或把它完全接受——等于将过去的旧能量拿出来跟宇宙进行交换。

习气，是能量的累积。生命本来是无限大没有阻碍，最多是无限的能量流经“我”产生了摩擦，好像慢下来，而在局部得到一种堆积，也就是习气、习惯、业力。

中道有利于能量的交换，让我们放掉过去堵塞的能量，让新的能量进来，这种新的能量代表着全部的可能性。而且这些能量来自无限、来自绝对，对我们整顿的力量、业力转变的力量也是最大。

懂得这种能量交换的人，随时可以通过中道取得丰盛，取得新的能量，从早到晚、通过饮食、呼吸、运动，每个念头、每个感受、每个动作……甚至连睡着了都在无意识中改变习气，逐步进行彻底的净化、透明化。

我们轻轻松松地，从早到晚都可以改，每一个瞬间都可以改——从一早起床开始，首先可以不急着进入今天，而是保留一点时间，停留在这脑海还没有激烈作用的状态，只有单单纯纯自己的空当。多停一会儿，再开始一天。接下来怎么穿衣服、打扮、刷牙洗脸、打理环境的卫生以及上学上班的路线、跟人打招呼、做事的先后顺序、东西摆放的位置、开车的习惯、对时间的评估、讲话的态度……都可以做一点变更。

前面提过，觉察、感受和想，组成了我们的现实。生活里点点滴滴的行为，例如讲话，也是集中了觉察、感受和想的后果，都在反映这三个基本的机制。我们从行为和习惯的改变着手，正可以从另一个层面解开机制与机制的联结，松脱制约。

我们不是针对过去的习气去做检讨或修正，只是给自己一个新的选择。生活的点点滴滴，我们都可以有新的做法，让自己启动新的回路，放过旧回路。一天选择一个习惯来进行，第二天再加一个，第三天……继续叠加上去，让新的行动变成我们新的日常。

如果有时候做不到，一样地，我们可以回到中道，带着友善的中立性——不需要评价自己、评价眼前，轻松放过自己，自在做一个见证者，看着自己还有些习惯比较难改，感恩地给自己一点时间，包容眼前做不到——反而念头就安静下来，让我们住定在瞬间，自然落到一种无条件、非时间的状态。

我们会发现，通过中道，只是做个自在的见证者，其他的什么也没做，但成熟度一直在增加，而可以一路走到底。

我们有肉体，是业力组合的生命，难免会受到环境和过去的影响而有一些起伏，让我们感到萎缩、受伤，而有时候对自己友善不起来，也做不到单纯的中立。

这时候，还是可以回到前面的功课：舌抵上颚、“我－在”的呼吸、数息、观息、静坐，把心安静下来。如果还是静不下来，可以运动、打理环境的卫生……让这波能量刷过去，再回来静坐，或做臣服和参的功课。

不知不觉，我们又可以轻松自在回到中道，回到友善的中立性。也就没有事了。

我在《时间的陷阱》中谈过一个观念：时间是个“瘾”。

许多人都是时间的奴隶，甚至睡到一半，三更半夜起来第一个动作就是看时间。好像全世界都休息了，就剩下我们还需要掌握时间的信息，还需要掌控生命的上一步、这一步和下一步，不能错过一点点。

我通常会劝身边想修行的朋友，生命不需要抓这么紧。生活里真有那么多事，是我们现在不紧绷起来、不准备起来，就面对不了、应付不了的吗？如果我们连一点点时间的信息都放不过，这一生还有什么敢放掉的？

前面提过每天改变一个习气，试试看，找个时段或周末的一天，不看时间。

少了时间的信息，体会一下自己是不是真的少了什么，还是刚好相反，我们反而得到一个机会，把时间的作用踩个刹车，可以充分放松在眼前，让意识扩大，甚至活在心流中——注意力从时间回转到自己，体会到什么是心带着我们活，什么是没有催促、没有时间的平安。

31　波罗蜜：现在就活出最高的领悟

我们走到中道，早晚会发现可以轻松活出圣人的心境，也就是佛教所称的波罗蜜。从心态到行为，可以活出多少，也反映了我们的成熟度。到最后，我们头脑、身体、意识完全贯通，点点滴滴在生活里运作，从表达、风度、心态、决策……无不流露最高的领悟。行为，就成为我们领悟的总结。

南传佛教的十波罗蜜和北传佛教的六度，都把般若智慧放在最后，代表这是领悟最终的圆满。至于我们是不是圆满，也看能否在每个层面活出智慧。这些层面不光是肉体，还包括感受体、思考体、心灵体，而都离不开能量的转变。

最终的领悟，并不是光靠理论或是与别人分享就能达到的，一个人即使懂得理论，甚至能讲课，但心可能还不够安定，还充满波动。他不在一种最稳重、最踏实的状态，环境一带来考验，马上受到影响，情绪立刻起伏。

根据几十年来的观察，我想还是有必要随时提醒追求真实、追求真善美的朋友——其实，行为层面的磨炼与领悟同样重要。

另一个很重要的观点，也就是我们可以把醒觉最终的结果、最终的体验、最终的境界，也就是波罗蜜，带到一开始当作一种练习和提醒来进行。既然我们醒觉最多是活出这种境界，那么现在就可以把这些境界变成我们的行为，变成我们的生活。

虽然严格来说，没有什么东西真的叫“醒过来”，但我还是常听到类似的问题：是不是一个人懂了，就完全醒过来，不再需要练习？还是说练习是天天都要做的？

我的回答一向是：当然要天天做。即使我们认为自己已经醒过来，还是从早到晚有机会就做中道、回转、静坐、反思。为什么需要特别停下来？

并不是说我们见道就可以不用练习，也不是认为真实应该不费力、没有选择，就干脆把波罗蜜搁在一旁，只是坐着等它发生。严格来说，一个人最终也许不费力、没有选择地自然活出波罗蜜，而另一个人也许必须费力通过选择来活出这条路，两者都是一样的。

释迦牟尼很早就提出波罗蜜的重要性，特别到后期，更是时常用这些行为来提醒弟子。我们在人间，能量和物质的密度太重，就像陷阱或流沙很容易让我们陷入其中，无法看清一切。即使一个人见道，也不见得能完全看清，不见得能随时定在内心的神圣空间。

我们就是需要费力选择，把活出波罗蜜当作一种功夫来修行，也达到了修行的效果。从行为着手，不断为自己建立一个神圣空间，不断在进行反思和提醒。

前面提过我年轻时到处拜访老师，其实在我心中，六祖、拉玛那·马哈希、释迦牟尼、弥勒佛、药师佛已经是最好的老师，他们带给我的，早就一生用不完。至于在人间的寻找，并不是需要从老师那里再学到什么高深的道理。我真正想知道的，是他们怎么运用方便法，也就是在人间怎么引导弟子，怎么过平常的生活，面对人间的挑战。

从这里，我发现这非常不容易。即使老师有很深的领悟、禅定可以到很高的境界，不见得能跨过这个世界的门槛。遇到人与人的摩擦、男女的关系、肉体的病痛不对劲……有时甚至比一般人还看不开，更别说活出最高的领悟。

这难免让我去想，这些老师是否随时都在自己的神圣空间？还是老早被带走了？也让我体会到一个人能随时定在自己的神圣空间、随时活出波罗蜜是多么不容易。

我才会说，反省、静坐、练习是我们每个人随时必须做的。我们随时练习，通过中道，不断将自己净化，和真实与心做一个接轨。遇到事情，感到压力，感觉自己不太守得住……也一样采用中道来进行。就算有反弹，也没有关系，继续练习。

无论我们的修行到了什么地步，是初学还是很有功夫，随时都要用功，随时都要建立神圣空间，随时都要谦虚，随时都要靠信仰走下去。

走到最后，是靠对真实的信心才可以度过，而不是单单靠聪明和领悟。

我们将古人的波罗蜜整理成一个表格，一共有 15 种，也就是从不同的行为或心态，反映我们领悟的程度。

布施、持戒、忍辱、精进、般若（智慧）是南传和北传佛教都提到的特质，而南传佛教另外强调出离、真实、决意、慈、舍，北传佛教强调禅定、方便、愿、力、智，这当然反映了它们各自着手的重点。

南传十波罗蜜				
布施 *dāna*	**持戒** *śīla*	出离 *naiṣkāmya*	**忍辱** *kṣānti*	真实 *satyá*
决意 *adhiṣṭhāna*	慈 *maitrī*	舍 *upekṣa*	**精进** *vīrya*	**智慧** *prajñā*
北传六度/十度				
布施 *dāna*	**持戒** *śīla*	**忍辱** *kṣānti*	**精进** *vīrya*	禅定 *dhyāna*
般若 *prajñā*	方便 *upāya*	愿 *praṇidhāna*	力 *bala*	智 *jñāna*

对我来说，无论哪个派别、用什么名称表达，不外乎是让我们做一个简单、不执着、凡事清清楚楚、爽快有魄力、稳重、勇敢、懂得体谅而且厚道的人。

布施，让我们活出放下，懂得放过，而能体会自己和别人的需求，用爱心来对待。**持戒**，帮助我们守住良好的生活习惯与道德，为自己和别人创造一个稳定的环境。遇到人间的不顺、不对劲，面对内心的纠结和反弹，都可以放宽心来度过，这种耐心带来的空间，也就是**忍辱**。全心投入真实的追求，勤奋练习，不怕困难，我们也就活出**精进**。**般若或智慧**（*prajñā*）指的是超越的智慧，让我们懂得看穿现象的变化，可以活出圆满。这是南传和北传佛教都看重的特质。

我们懂得在现象之外，有绝对而不会因着变化生灭而动摇的真理，也就是**真实**。明白真实和圆满不在人间，也就会放过人间的现象变化，产生**出离**的心。充满决心，不会被一时的念头感受而动摇自己的理解，也就是**决意**。懂得温柔对待自己和别人，这种爱心也就是**慈**。对样样都看得一样，不执着，也不排斥，都是平等，也就能够放过，达到一种**舍**（或说**等舍**）。这是南传佛教所看重的特质，认为这些特质可以帮助我们实现解脱。

北传佛教还强调**禅定**的练习，让脑海净化，身与心落到和真实一致的频率。我们对真实的理解贯通了，也懂得用一些**方便**的比喻或手腕，引导身边的人走出烦恼，追求真实。看到大家都有一样的烦恼，也有相同的解脱的本质，我们会发**愿**，希望帮助彼此，一同走上真实。我们看穿人间是虚的，也就有勇气、有魄力支持自己、帮助身边的众生非众生走自己的路。懂了真实，也就有足够的识别、洞察、分别**智**，可以帮助我们对于哪些行为和领悟一致有一定的敏锐度，而少走许多冤枉路。

过去，我在《真原医》中用“好事坏事记录表”帮助大家对自己的行为做一种简单的回顾和调整。在这里，我们也可以自己制作一个表格，用习惯的手账或手机的记事本做一点记录，拿这 15 个波罗蜜来反思。

每一天，我们可以集中在 15 个波罗蜜的其中一个，早上先想想可以怎么让这个品德带动一天，像是让我们懂得用方便智慧来面对难题，或是懂得布施——学会放手，将东西送给需要的人；一天结束后，回想这个品德对自己一天下来的影响，无论成果如何，过程是不是顺利，都记得欣赏赞美自己的努力。

一天一个，一个月，我们可以通过这 15 个波罗蜜为自己带来两轮反省和鼓励的功课。熟练了，我们也可以第一天集中在布施，第二天集中在布施、持戒……每天都叠加上去，从各个角度帮助我们消除自己的盲点，圆满自己的理解和领悟。

老老实实进行，对我们的意识转变和成熟会起到不可思议的作用。

32　练习，不分初学与资深

这个主题太重要，我认为需要独立一章换个角度来补充。

一般说到修行的进展或境界，我用过一个比喻，也就像是意识海、整体、一体在这个人间、在我们身心落下一个脚印，留下一点印象。

如果我们希望通过中道领受这印象的作用或影响，最好的方法还是带一点正向的念头来进行，也就是前面提到的友善的中立性。

按定义来说，中立性是不分好坏的，但我们受心理的作用影响太大，带一点友善，就像前面提到的，能克服身心和业力带来的阻碍，而让修行成为一件快乐的事。

另外，我们醒过来后，还是会活出波罗蜜。波罗蜜最主要的一个方向，就是我们随时可以活出感恩、友善、最高的道德，带给别人光明和鼓励，坚定向前行……浓缩起来，也就是善意和正向。这是我们醒过来后，对人生会承担的行为、会声明的看法。

我们的转变可以是几面一体，有些人是通过正确的观念带头，而有时候是行为来带领转变。既然我们修行的路走到最后，醒过来，就是友善看这世界，友善处理事。那么，干脆把友善的行为带到修行的一开始。将终点变成起点，在初学的阶段就进行。这样一来，也就从根本消除了初学者或最成熟修行者的区别。

将一个人最终的境界，当作初学的练习，差别最多是体会的深度不一样。

想法，影响到我们怎么看世界，也反映我们对真实的领悟。一般头脑本位的想法，会认为观念和头脑的作业有带头的作用。但是反过来，行为（身体的肌肉动作和神经回路的组合）也在回头塑造我们的世界观，所以从行为着手，还是有机会强化我们的成熟度。

比如说，舌抵上颚。面对初学的朋友，我从一开始就提醒可以随时做舌抵上颚。当然，时间久了，我们可能会麻木，或者就忘记做了。但当我们走到最后，发现自己还有杂念，这时候，很轻松地做一个动作，也就是舌抵上颚，注意力突然回到舌头上面，这时的效果和作用已经远远不同。

遇到失眠，念头和情绪不断浮出来，一样地，回到舌抵上颚。这时候，同样是舌抵上颚的动作，对成熟的修行者，所带来的提醒的力量很不一样。差别就在于，比较成熟的修行者，通过自己对真实的领悟和舌抵上颚的练习，让散乱的注意力沉淀到身体，与身体的气脉能量做一个完整的整合，也就是建立一个新的放松的回路，让这个回路圆满。

熟练了，只要做，全身放松，气脉通畅，念头也就减少。我们自然懂得什么是圆满、没有事、一切都好。身体懂的，和脑海已经分不开。到头来，舌抵上颚已经不是一个练习，而只是从身体的层面来提醒——我们本来就在一种最佳、最放松、最舒畅的状态。

就算有时候，我们做不到——没办法做一个见证者，没办法做完全的臣服。但在念头、话语、行为通过友善的中立性来反应，像是对每件事或每个反应加一个“Yes!”，对世界的点点滴滴完全可以包容，完全接受。这一点正向的味道，自然会影响一天下来的行为。

我们通过行为做练习，活出波罗蜜或八正道……熟练了，很快就能进入这个回路——让行为变成一个超链接，打开心的神圣空间。

这几十年，我发现大家情绪非常不稳定，人和人之间充满隔阂与防备，动不动就有许多愤怒的情绪需要排解，对样样都看不开。在这种情况下，我们过完一天，到晚上要能收回注意力，这难度是非常高的，更别提随时回到心了。

正因为如此，我额外用许多作品和讲座去强调运动、饮食、呼吸——这本身对体质调整相当重要，也帮助我们走出一种很黑暗的创伤的状态。再加上情绪管理、改变习惯、心灵圣约（感恩、忏悔、祈望、反馈）的提醒，也就是希望帮助我们一整天在点点滴滴的动态和行为上都能守住自己的注意力。

从各个层面，我们一再地练习，这个新的回路愈来愈完整，作用愈来愈透彻，而效果能够主宰一切。做得熟练了，光是舌抵上颚的动作，本身就变成一种超链接，将自己立即带回到神圣的空间。

我们坚持练习，不放弃，抱着最初的热心，是不会觉得无聊的。我过去看到会失败的例子，就是因为感到无聊，而不断在找新的方法。每样都做做，但都不熟练。

这个新回路的稳定性会影响我们。如果能克服头脑表面的无聊，不放弃，一直走下去，会发现最后回转的效果更大。只要通过一个练习或提醒轻轻点一下，会愈来愈容易，甚至会“上瘾”。到时候，要把它停下来，我们还会舍不得——舍不得不做，舍不得不让自己快乐舒畅起来。

试试看，看我们这一生有没有这种信心，认定这些是可以活出来的。我们亲自去体验、去领悟，找出自己的答案。不然读再多、听再多，这些话还是一种理论的境界。

我们把最终的领悟、活出的行为带到最前面当作练习，这就是我们可以不断往前走的稳定基础。

通过练习，我们只是不断在声明本来就是的层面。不是光在脑海重复，更通过身体的每个动作、每句话、每个念头，我们老老实实活出圣人留下来的指南针——佛陀的智慧、耶稣的大爱……

我们只是敦厚、优雅、有风度，对人有礼、有尊重，为人带来希望和光，将一切往最好去解释、去想，不说谎，不去做没有道德的事。对世界、对自己、对一切都带着最高的善意去看。

这些行为，不只是指南，而是我们活一整天的正常。我们将生活习惯点点滴滴改过来 —— 在每个动作、每个念头、每个感受重新开始。从早上一睁开眼睛，到晚上闭眼入睡，每天改一个习惯，就好像我们已经重生。

我们不断建立新的回路，不断往心内投入，而不是飘浮在心外。不知不觉，人间已经不再影响得了我们。

练习：你可以放过吗？

我们做许多练习，改变习气，活出波罗蜜……说到底，也是要提醒自己："可以放过吗？""可以放过眼前这个世界吗？""可以放过头脑的诠释吗？""可以放过小我吗？"

在生活里遇到一些状况，会让自己激动起来，安静不下来。这是我们每个人都有的情况。重点不在于要不要反弹，也不在于要不要采取行动去反制。现实生活中，该做什么，都可以去做。同时，我们也可以把握这个瞬间，当作一个练习的窗口。

如果发现自己又"跳起来"，又激动了，又有好多的反应、质疑和不顺眼，问一下自己："可以放过吗？"

不用勉强自己马上放过，只要问自己"可以放过这次的放不过吗？"无论自己回答什么，也只是继续问："很好，这个也可以放过吗？"

放过，放过到底。连自己做不到，都可以放过。这样就好了。

这个练习就是这么简单，试试看。

33　头脑的骗局

前面提到，毕竟这世界太沉重，我们需要随时回到中道，通过练习和提醒，为自己建立一个神圣的空间。还有一个提醒，对我来说是非常重要，可以说是修行最难避开的陷阱。

我们头脑非常精明，非常狡猾，有各种欺骗自己的方式，包括把一时的冲动包装成灵感，让我们相信是神、主、佛、一体引导我们做决定，而且还是一个神圣的决定、心灵的决定、正确的决定。很多人走修行的路，就这么愈走愈偏，但还认为是心在带着走。

我过去只要有机会就会提醒，再强烈的灵感、启发，或身心突然打开，体会到一个人间没有的境界，心里浮出一个声音……要注意，可能还是头脑的产物，头脑的运作。

有些人因此就离开工作，离开原本熟悉的地方，想放下俗世的一切去专修。我也会提醒，要小心，我们以为是心带着走，其实不一定。可能还是因为我们不够成熟，一受到环境的挑战就想找一个出口，好避开眼前的压力。

几十年来，我观察到的例子，可以说都是头脑在运作。特别是我们假如放不过小我，那小我更要主张是心在带着走，但一点都不是。

这也是为什么中道、友善的中立性是如此重要，让我们面对各种现象，都是平等，而自然不断地臣服，臣服到底。

再深刻的领悟、再神奇的灵感、再玄的意识扩大和膨胀的体验，我们还是要放掉，还是要臣服。我甚至会提醒，就是佛陀入梦，天使长落在眼前，我们还是要放掉。假如我们看到魔或是一些奇奇怪怪的现象，让人恐慌害怕，还是可以把它们放掉。

面对一切头脑带来的现象，只是让一切存在，单单纯纯地存在，不断地臣服，臣服到底，我们落到参的门口，突然发现——咦？谁还有这些念头？还有这些印象？还有这些错觉？

当然答案是自己，是“我”。

那“我”又是谁？

中道就是臣服，再带着一种幽默、正向、肯定的念头。这样走到底，我们会发现，一路上会有许多事件触发我们的反应，会有种种的灵感，但这还是业力的运作，是因–果的组合。我们没有离开过因–果的作用，只是过去自己不知道，还以为自己达到了一种成熟度。

不光内心的境界是头脑的产物，我们抓得很紧的一些修行的原则，也可能还是头脑的产物。

头脑会发明很多标签，让我们以为某件事和修行有关，甚至当作修行的路标。像是我们可能会期待一个人心灵成熟了会长什么样子、怎么表现、有怎样的风度。或是一个见道的人要怎么回答别人的问题、怎么面对世界……无形中，我们又设立一整套规则，新的制约，化作一个系统套上去。

就算我们幸运地遇到一位好的老师，或是接触到释迦牟尼、耶稣留下来的指南针，也很可能陷入头脑的骗局，卷进制约和规矩的流沙，看不到边，根本没有想过从里头解脱。也许一生，甚至一生又一生充满了宗教的念头，充满了规矩，充满了原则，指教自己、指教别人，认定什么该做什么不该做，认定“道”应该是什么样子……

多么荒谬。

心，什么事都没有。心，本来一切圆满。是头脑不断地不圆满，头脑要找方法来批评。是头脑找问题，有质疑心。

心，根本没有什么东西可以衡量。一个人走到最后，发现什么事都没有，甚至不会想到有什么叫作圆满，什么叫作完整，什么叫作喜乐。本来就是在一个最佳、最放松、最根本的休息的状态，他根本没有事。

但是我们站到头脑会批评，甚至遇到一位老师也要指教。这是我觉得最不可思议的，我们会认为老师该怎么教、该展现什么风度、该用什么语气表达、要投入或避开怎样的任务……总之，按着我们的理想来包装最好。哪怕这理想根本禁不起检验，只是过去习气和业力的累积，我们还是想套到眼前这位老师身上。

如果老师不符合我们的理想，我们还要说一些充满情绪的话，生怕老师体会不到。再不改进，我们恐怕就要离开这位老师，再找找看有没有比较顺眼的老师或道场。

最有意思的就是，心不会批评，不会在意。只有头脑在意这个，在意那个，在意公平不公平……几十年来，我看过很多类似的情况，几乎没有例外。许多朋友追求真实或修行，就这么重复再重复类似的经过，而回想起来，只是充满了失望和不谅解。

这种门槛，从我观察到的实例来看，非常难度过。即使有时候接触比较成熟的修行人，都在当老师了，我还是会发现他们带着明显的期待，也常对人批评、质疑。然而，心，根本没有这些。什么是好坏、该做不该做……心根本没有这种观念。心完全是宁静，连一个让它想批判的出发点都没有。

这些看法、决定、出发点，全部是头脑在领导，而不是心。这就是为什么中道这么重要。

走这条追求真实的修行路，无论是初学还是资深，如果我们身边没有好的老师，可以用臣服再加上参，只要有勇气和决心通过中道做到底，可能过去这些头脑的现象也就跟着解散，不会再占领一切、主导一切。

34　面对气脉和能量的现象

头脑喜欢现象的变化，让它有东西可以注意，可以捕捉，可以通过各种解释又创立一套学问，也就这么走偏了。也因为如此，我过去很少跟人谈气脉和能量的现象。即使类似拙火觉醒（kundalini arising）这种快要入定的境界，也很少讨论。

会入定，也就是全部气脉开始打通了，没有阻碍。首先身体没有阻碍，在最细的层面，也就是穴道气脉，也没有阻碍，全部是通的。从头到脚底、脚底到头顶都是通的，一般会说中脉打通了。

中脉一打通，会有个现象。我们有身体，有生物的层面，中脉打通的经过，会让最下方的海底轮有一种能量，像两条蛇左右交缠从下往上卷。用两条蛇来形容，也就是表达古人早就知道的，位于中脉两旁的左脉（*ida*）和右脉（*pingala*）。中脉通了，左右两脉就像蛇往上爬一样卷上去。

人在这时候，脊椎会挺起来，完全入定，感觉自己和天、地都是通的，天人合一。这会带来一种欢喜，让人一生难忘，甚至比过去在两性间尝到最大的快乐还要远远更强烈。人会突然认为自己无所不在、无所不知、无所不能，甚至可以化生一切。

从别人的角度，看到的是物质层面的化生。但是从他个人，一切都是一样的，就连天和地都是合一的，还有什么东西是心？有什么东西是物质？唯物跟唯识完全是一样的。在物质层面看到的现象，也只是整体通过螺旋，通过神圣几何而展现。

一般人会说这是神通，好像一个人没有什么东西不知道，没有什么不能，没有哪里不在。在这种状态下，他可以讲课，而可能特别精彩，特别有魅力，有各式各样的灵感，自然吸引很多人来听，而成为一般人心目中的大师。然而，这种能量太大，通过身体也可能从性的层面爆发开来。过去有些大师，可能被自己带着做一些不妥当的事，和弟子无论男女，发生肉体的关系。在这时点过不了关，接下来完全走歪。

为什么我会说中道的基础那么重要？也一再提醒我们随时用各式各样的练习，在人生每个角落做一个回转。这种时候，就要靠这种功夫来过关。

这也是为什么，一般修行会强调要有一个好老师。但我前面也提过，尤其现在这个时代，世界往下拉的力道太黏、太重，连老师自己都不见得能过关，更别说确保弟子能度过这些关卡。

所以，我才会强调练习，尤其是中道。

这种时候如果可以做中道，在拙火升起时，可以把种种的发现、体会、感受……都看穿，而把注意力回转到自己，把一切看成是平等的。这种回转，产生的力量会非常大。

我用一个比喻来谈，我们修行，也只是停在大我的门户，让宇宙、上帝在前面伸出一只手把我们拉回家，这力量远远超过我们个人。如果同时还有一个拙火的力量在背后推，会非常激烈加速我们发展成熟的过程。

过去的大圣人见道、顿悟，都懂这一点，也会提醒——这时候，更是要加倍谦虚，加倍自我检讨，知道自己不是无所不知、无所不在、无所不能。

这时候，也只是回到中道，而发现样样都一样。既然样样都是一样，还可能会忍不住要占便宜，过不了眼前的关吗？

这是不可能的。怎么都不可能发生的。

然而，说不可能，是度过了才有资格讲。

在过去修行的经典，我几乎没有看到任何人谈这方面的提醒。从我个人的体会，这对我们一般人，是非常难。

首先，我们随时活在一个快步调的世界，能够将脑海的运作踩个刹车，看穿人间，可以用中道回到源头的聪明，回到这根本的本能，已经够难了，几百万人也不见得有一个。我过去会说就像独角兽一样稀有珍贵。

然而，即使对这样难得的人物，这一关，仍然是非常艰险。

之前我很少谈这些，毕竟只要一谈气脉的现象，特别是提到人间没有的大喜乐、化生的神通或像龙树菩萨到龙宫去听释迦牟尼讲经……有些人一听马上就被吸引，对这种人间没有的大喜乐、神通、很玄的信息和境界更感兴趣，想要得到别人没有的快乐、能力和知识，早就把中道抛到脑后了。

这一次，是觉着大家的成熟度差不多了，才大胆分享出来。

外境、头脑和身心的反应，对我们都是一样的。样样，都可以让它存在。

面对一切变化，好的，坏的，我们可以反应，可以让步，也可以问自己："可以让它存在吗？"

面对修行，也许有我们认为的进展，也许有所谓的退步，问自己："可以让它存在吗？"

面对身心的受伤、不舒服、种种好的感受、不好的感受，问自己："可以让它存在吗？"

无论可不可以，都问自己："可以让眼前的念头、感受、体会……自己存在吗？"

熟练了，可以将这个提醒缩短成"可以存在吗？""存在吗？"或"在吗？"，甚至连字都不用，也许只是心里一种放过的感受，马上带来一个超链接，让我们回到神圣的空间，跟真实没有距离。

人生的波浪，我们也是一样的，单单纯纯让它自己存在。就这样，我们已经臣服，站在中道，随时回到心，回到家。

"在吗？"

35 *Neti Neti* 都不是

在人间，任何可以看到、可以想到的，都是现实的一部分。这个现实，是用觉察来理解的。前面提过，觉察（包括五官的知觉）经过思考与感受的综合，三合一组成这个现象的世界、现实的世界。包括气脉和能量的变化，也离不开这样的组合。

关于人间、世界、现象是怎么组成的，恐怕我再怎么重复都不够。毕竟组成人间的，跟想从人间解脱的，是同一套机制。我们也许突然懂了，但一转头，同样的懂，也可以拿来加强人间，成为制约。

然而，*neti neti* 就是在提醒我们“不是这个、不是这个”。也就是说，这个现象的世界，包括气脉、能量和境界的变化，什么都不是——不是我们在找的解答，不是真实。

一路“不是”下去，到最后“是”什么呢？剩下根本的聪明、本体、本质，而这是无法用语言表达的，它存在于另一个层面。我们能够表达的，都还是属于现象，是五蕴的组合，还是落在局限里。

我们最多只能有一种洞察，但这种洞察无法用语言讲，它和脑海二元式的逻辑不在同一个轨道，不在同一个层面，也就是不在人间的范围。我们怎么去探究、怎么去尝试，都表达不来的。

Neti neti 本身是一个中道的观念。就像前面讲苏格拉底的辩证法，任何可以体会、可以主张、可以声明的，都是站在一个有限、有条件的前提上，而不足以代表真实。通过 *neti neti* 或苏格拉底的辩证法，我们不是为了找到一个“比较没那么错”的“对”，不是找到一个在人

间不会犯错的主张，而是在这辩证、不断否决的过程，意识到自己主张的不足，将注意力打开，从眼前的现象和对错中回转过来。

我们通过 *neti neti* 不断从眼前或心中的现象回转过来，不断往内投入，走到最后就是不断地臣服。臣服什么呢？把我们这一生所看到、体会到、触碰到的全部交出去，或者接受。

全部接受，与全部交出去是一样的，与臣服是同一个意思。

我过去常用火的典礼来带领大家，虽说是一种净化，但也是中道的练习。面对眼前的火，我们把头脑想的东西送出去，送到火里。痛苦的记忆、自责的念头、放不过的期待、流不完的泪……都交给火，让火烧得干干净净，跟着火一起消失。

现在，我们懂了中道，也熟练了在每个角落都可以进行——每个情绪、每个念头、每个失望、每个期待、每个觉受、眼前或心中浮出来的一切、夜里浮现的担忧……我们并不需要通过某种特定的仪式、仪轨或修法，不需要守住某个特殊的时辰，才能做自己的修行。我们已经懂得怎么用友善的中立性来对待它、对待自己，而可以轻轻松松把它送走，或是把它欢迎、容纳起来。

本来 *neti neti* 的意思是对着眼前的一切，声明“不是这个，不是那个”。和中道结合起来，转到心里面，*neti neti* 就变成了“不是这个，不是这个”。但既然什么都不是，我们也会发现可以“是这个，是那个”。

我们可以接受，尽管知道不是绝对的真实或一体，仍然没有必要否定它。我们可以接纳一切，包括眼前，包括心中。

放过，和接受，都是一样的。

我们做熟了，连还没完全启发、还没延伸出来的念头，还没有完全成形，只是一点隐隐约约的影子，都能够体会到而从它转回到心，轻松地接纳，欢迎，放过，让它消失或完成自己。

不光是 *neti neti* 本身含着中道的味道，与中道分不开，其实，通过中道的理解和实践，几乎所有的练习都可以套上去。无论我们自己认为在哪个阶段，是初学或是最终，练习都是一样的，只是深度不同。

对初学的我们，头脑总是在一个相对的世界不断打转，看样样都是分别与区分，充满二元式的运作。讲 *neti neti*“不是这个，不是那个”的提醒，也自然就是在相对世界的范围里提醒自己 —— 不是这个相对，不是那个相对，样样都不是。在这个世界的范围内，都不是真实。

走到中道，我们头脑已经比较安静，“我”的作用不那么强烈，突然发现有一个层面可以称为心。中道，也就是回到心，回到绝对，回到共同而唯一的一个意识。这个层面，我们没办法用语言、思考、任何表达来描述，但是我们好像在某一个层面又慢慢懂了，逐渐有一种直觉和灵感。

这时候，通过 *neti neti* 的提醒，我们可以落在一个更大的“无我”的层面，欣赏着念头起步、语言发出来、身体延伸出各种动态，一切清清楚楚，而我们只是享受眼前的觉。

这时候，还要提醒什么？

这种提醒，最多也只是好像我们终于发现 —— 竟然可以从另一个角度看世界。过去连想都想不到，不认为可能存在，而我们现在随时可以回到心来看一切。

36 是清醒的吗?

我们采用中道的精神，走到最后，自然会走到臣服，回到奇点，回到源头的聪明。

练习，离不开我们亲身的体会。我们如果对自己的动机、对周边、对心里有清晰的认识，意识得到自己当下的感受，也可以看到自己此刻反应的动机，我们已经走上疗愈的路，进入修行的朝圣旅程。

我们只要能随时踩刹车，不要一路迷迷糊糊往前冲，也就有机会稍微扩大自己的视角，从更高层面看自己。

很早我就借用哥德尔定理，用数论的比喻来表达——我们要跳出目前的困境，是要在一个更广、更高或更深的层面，才可以真正把眼前的问题看穿，甚至可以找到解答。

这一点，是从古人到现在都知道的。

如果我们一天下来，完全没有机会踩个刹车，没有机会反思、回转，那么这一生走到最后，究竟学到了什么?

学到的，不应该只是技术层面的信息或知识，那些说到底有什么用呢? 如果我们换了一个世界，甚至只是换个地方生活，那些知识也要跟着变更，又要重新学过。或者如果我们换了另外一种聪明、觉察的机制，学来的整个知识体更是一点用都没有。

我们真正重要的演化或进展是在心灵的层面，而不在我们认为有的这个世界。进展，指的并不是在物质的层面变成一个更发达、更进步的文明，而是我们认知的典范从 3D 到 4D、5D、6D……愈来愈广、愈圆满、愈完整，这才是我们要走的方向。

我们的注意力随时可以回转，也就不知不觉回到臣服和参的大法门。

我们本来注意力往外，看的都是客体，现在可以收回来注意到主体，自然会问:“我是谁？”“我在觉吗？”但熟练了，好像也懒得问主体或客体，注意力的重点反而移动到了主体和客体之间残留的一点点“动”。

我们的世界是通过主体和客体之间的动力组合起来的，如果没有动力，无论是语言、思考、觉察、感受、动作还是行为，其实都没有一个具体的世界可谈。

过去，我通过《我是谁》将这个大法门打开，不断提到一个人走到最后，早晚会回头问自己“我”是谁，而将脑海打开。但现在，我认为人类的聪明已经到一个地步，不见得要守住“我是谁”这句话，可以只是提醒自己:“是醒的吗？”同时，带着一点正向、快乐的味道。

我过去除了“是醒的吗？”，也会用“在觉吗？”。就这一点提醒，已经与中道、友善的中立性、臣服的观念结合在一起了。面对生活的许多状况，通过“我，是醒的吗？”“我，在觉吗？”建立了一个神圣的空间，或说一个保护的缓冲空间，甚至滑回到意识的源头，带来一种参的味道。

每一个瞬间、下一个瞬间，我们的注意力一直回转，通过“我，是醒的吗？”也就洞察清楚、觉醒到一个地步，慢慢滑回到注意或聪明的源头，我们内在的聪明、本性、本能、奇点。

这个源头是无限大，自然让注意力散开来，从主体移动到动力。本来是“我在觉吗？”，重点已经落到了“觉”。“是清醒的吗？”“在觉吗？”“在吗？”轻松停留在那里，它带来一种臣服的观念，因为我们本身就是那个没有答案的答案。

它已经不是一个问题，不是一个练习，最多只是一个提醒——提醒我们整体的理解和领悟。就像一个超链接，从任何角落，让我们回到原点。

站在这原点，本身就是一种参。我们可以看到一切，体会到一切，这也就是中道。如果可以随时做，那么整天下来，生活、工作会少很多障碍。

随时退回到注意的源头，是让心带着走。这个源头，也就是大我。在这神圣的空间，接下来是生命带着走。我们符合心流在看、在听、在回答、在运作，而带来一种解脱的体会，是绝大多数人这一生没有过的。

有些人在偶然的情况下有过心流的体会，也许是非常投入眼前的一件事，专注到某一个角落。非常投入的发明家、音乐家、运动选手、作家或任何一门艺术或技术的专家，都可能有过心流的体会。差别只是，即使有过心流，也不见得可以随时自己做主把心流带回来。

我们通过“我，是清醒的吗？”“我，在觉吗？”，则是建立一个可以自己做主的回路，或说一个超链接，随时把自己带回到一个神圣的空间。

我才会带出“觉，为了觉”“听，为了听”“看，为了看”，轻轻松松把重点摆到动力上。

有了这把钥匙，眼前的变化、过去的受伤和不顺、心头浮现的不安，反而都成为一种恩典，让我们可以随时回到真实的门口，而有机会走出这一生的幻觉。

我们这样子去寻、去问，早晚会落到参的门口。在这种最放松、最休息的状态下，什么都没有做，样样从意识延伸出来，都可以看到。就算有时候好像慢了几步，也没关系。这时候只要知道，再参就好了。

再参，也是一样的，是带着友善的练习、友善的念头、友善的态度。这么做，和中道不就是一样的吗？

中道本身包含了几个面向。从参的这条路，“我是谁？”或“在觉吗？”可以回到这原点，中道也可以回到臣服，而臣服可以到参，这几个面向都是通的。

懂了，无论中道、参、臣服好像就是一个超链接。无论是通过一个口号，像是宇宙不会犯错，或从任何角落，都可以切回到原点。

就这么简单，却是我们一次又一次来到这里所能够追求到、学到的最重要的解答。

37 醒觉的决心

全部生命系列的朋友，许多人都听过 Rachael 的经过[①]。

她确诊“渐冻症”（ALS）前，人生遇到非常大的挫折，她一一去克服，虽然痛苦又疲惫，但还是尽力去完成她的责任。过程中，她逐渐发现自己说话变得困难，吞咽也不顺畅。找遍了医师，做了许多检查，才发现自己得了渐冻症。几年后，她连进食都受到影响，手脚的活动进一步出现障碍，稍微出力就抽筋。生活的任何一个层面，都需要人帮忙。

可以说，病发后 Rachael 是清醒地看着自己一点一点失去生活的能力，而非常清楚自己早晚会失去生命。任何人遇到她的状况，都很难度过。然而 Rachael 一路走下来，我们都发现她的注意力不断回转，从疾病、从对人生的期待愈来愈转向自己。

这些年我不在中国台湾，Rachael 到身心灵转化中心时，我也没有机会跟她直接互动。是她回到澳洲后，我才从同仁那里知道她的情况和内心的进展。同仁也告诉我，来到中国台湾时，Rachael 已经不太能说话，但她会将想表达的话按在手机上，跟身边的人沟通。

在中国台湾的一个多月，她请母亲随行协助。我们的同仁都注意到她们强烈的联结和疗愈的决心，也看到她如何穿越内心和身体的阻碍，学会放松，体会到身边的爱。

---

① 读者可通过扫描封面中的二维码，发送关键词“走向心的道路”获取相关资料。

这条路并不容易，我也征求她的同意，将她在2024年“心，向前行”共修后很诚恳的信分享出来：

亲爱的杨博士

感恩这两个月您辛苦带着我们共修，您的辛苦没白费！我参加了五次共修，到这次共修才发现原来自己根本还不会臣服。

我过去以为自己一直在练习臣服，到现在才发现其实那根本不是臣服，而是无可奈何的屈服。因为我还是把这个身体看得真真切切的，一切对我都是那么真实，而我即将要失去这一切。我在这种状态下的臣服，是没有办法、无可奈何地接受。

这次共修让我看清了自己这个大问题，也让我明白只有在不当真的前提下的臣服，才能真的做到在前几次共修中，您一再提到的跳到超链接和变成空的容器。

这两个月呼吸开始困难了，身体也是各种疼痛不适，各方面都在退化。我经常读您几年前生病后写的那篇文章，好希望自己能和您一样，身体在痛苦，但是内心只有喜乐。可是我还做不到，我和这个身体牢牢捆绑在一起，痛苦对我是真真切切的。

我不止一次想过安乐死，唯一让我犹豫的是，我好不容易才遇到您和您带出的教导，都还没好好努力，如果就这样结束这辈子，等下次再遇到，不知道多少辈子又过去了。

这是我唯一舍不得离开的理由。

这次共修，我开始面对自己的问题，看到自己的信心并没有完全建立起来，练习才变得这么困难，行动和想法是那么不一致。在剩下的时间，我就做我能做到的，一再看书听音频，把信仰坚定起来，尽量不跟每个瞬间对抗，把我力所能及的事做到极致。剩下的那些，比如说做不到意识扩大，体会不到大我和背景，我就不去纠结遗憾了，臣服吧。

谢谢博士一次次的共修，不放弃，把我从泥潭里拉出来！

感恩！

Rachael

——

Rachael,

你的表达，我想任何人听了都会感动，也会担心。

你表达得非常清楚，你现在的境界已经进入了一个臣服的轨道。首先，我还是要恭喜你，这是非常不容易的。有这样的基础，能够慢慢把自己摆开，把自己交出来，这是一般人做不到的。

一般人碰到痛苦或不好的事情，都是一时的，不像你现在所面对的，几乎是每一天从头到尾都在忍受痛苦，没有尽头。光是你有这样的耐心和决心，来面对痛苦，已经非常了不起。

健康和心情方面，还能够做什么都可以。如果不做这些，就你现在的做法都是对的，也就是看开，把一切交给生命，臣服并接受。

痛苦到底，也是生命给予的机会，让我们可以回转。虽然这样说可能让人觉得很玄，或者很抽象，但我相信对你来说一点都不抽象。希望这些话能给你一点力量，帮助你忍受那些本来无法忍耐的痛苦。

最后，我听同仁转述你的来信，一方面为你高兴，你现在的看法和成熟度真的不容易；另一方面，当然也担心，希望你能保护好自己的生命，来到这个世界毕竟不容易。就像你说的，一天一天过下去，没有必要为了早点离开而做什么计划，一切顺其自然就好。

通常是这样的，是人生遭遇到重大的损失，我们才会浮出醒觉的念头，甚至醒觉的决心。是对人生彻底绝望，才有坚持走下去的勇气。

这和一般人的理解完全是颠倒的，是相反的观念。

遇到大的失落而不放弃自己，这本身就是一个巨大的恩典，仿佛是宇宙在祝福我们，或宇宙用某种方式来跟我们沟通，想要把我们带回家。

这种祝福，如果我们没有经历过损失，是根本注意不到的。

没有谁走到最后会发现之前完全是顺的，这是不可能的。从古人到现在，没有这样的案例。从我个人的经历来看，也是这样。一路都是不顺、都是考验，需要克服困难、阻碍和反对，但这些对我都是磨炼的机会。

可以的话，趁我们现在还健康、没有太大的困难、没有发生意外，通过每一个瞬间点点滴滴做练习，帮助自己把基础打稳，将身心灵一致化，不那么容易遇到一点事就动摇。不然在最艰难的时候，连守住生命、让身心舒畅都很吃力，修行和练习要克服的困难自然是多得多。

虽说如此，但我们假如有坚定心，面对这么大的困难依旧能够将样样看开，坦白说，成熟的步调会加倍的快。坚持走到最后，自然会走出困境的阴霾。

38　超越理解的苦难，超越理解的平安

会谈 Rachael 的经过，其实是她反映了我们每个人面对苦难可能的历程。就像她说的，我们以为自己在臣服，但只是在委屈地忍受痛苦，一边挣扎，还要一边拖着自己往前走。

她所经历的痛苦是大多数人不可能忍受的，谁能受得了这种永远不会停止而且是清醒地看着自己失去所有功能的痛苦？

这是生命给我们真正的考验，而且是最高的考验。但从另一个角度来看，这也是生命给我们最大的礼物，在最短的时间内，加速我们演化的过程。就看我们有没有下定决心，有没有这样的信心可以一路走下去，毫不动摇。当然，如果我们不接受，也可以。但这样的反弹只会带来更大的不顺、更大的障碍和痛苦。

面对人生的挑战，我们当中有谁可以顺利度过这样的关卡？我们可能懂理论，可能懂各种专业和技术，但能不能度过，是另一回事。

我们走上这样的过程，旁人是没办法轻易说什么的。即使外面充满痛苦和困难，就像 Rachael 承受超过理解的苦难，依然能活出一种平安、一种决心。

我时常提到《圣经》里的实例，使徒保罗曾经站在耶稣的对立面，经历了个人的奇迹而反过来为基督徒传递福音。他讲出内心的真实，当时有权力的人将他多次送进监狱。保罗随时可能在狱中失去生命，却仍然不忘外头的朋友，用一封又一封的书信安慰他们，鼓励他们活出神所赐的平安。

神所赐出人意料的平安，必在基督耶稣里保守你们的心怀意念。（《腓立比书》4:7）

这就是我常说的“忍辱波罗蜜”——我们面对痛苦，是不是仍然镇定、敦厚，不被动摇，有一种“poise under duress”，在压力下依然保持风度，仍然稳重。这种人生的磨难，就是来考验我们是否能在中道走到最后，臣服到底。

这些话不是空泛的支持或打气，而是反映事实——确实如此，那些少之又少、成功找到人生解答、完全消除矛盾的圣人，绝大多数都经历过大痛苦，可以说一生非常不顺。然而，他们能够忍耐，能够度过那些别人根本无法度过的困难。

面对极端的、一般人连想都想象不来的痛苦，如果我们能克服，能够转化为回转的燃料，也就可能突然体会到超越世间理解的平安。

这一生来，我们多多少少都许过愿，希望能帮助他人，但只有少数人会真正去做，而他们的发愿可能大到一个地步，想去完成一个别人连想都不敢想的工程。即使碰到困难，比如周边的人不配合，甚至是孤立无援到一个地步，就像一个人在沙漠流浪，他们都敢继续走下去。

这样的人好像天不怕地不怕，连死都不怕。面对事情，完全没有一点心慌或恐惧。可以说，他们的信心大到一个地步，面对任何阻碍都能够绕过去。我常说，遇到这样的人，我们最多只能协助他、辅导他，或者让开，不要成为阻碍。

他们会想尽办法跨过去，达到目标。如果他们不是为了自己，不是为了世界的目标，而是为了回到心，可以说不是普通的英雄，而是连神和天使都会尊他们为神的上师。

当然，这样的人非常稀有。我一生见过的，也是屈指可数。假如走到最后，他们的行为仍然完全是为了他人，为了整体，而不是为了自己的财富或贪嗔痴，这样的人那就更少了。

毕竟这一生要经历太多的考验和挑战，走到最后，还剩下几个人有这种决心？不光是命运的折磨可能带来阻力，世界的密度太重，诱惑太多，让我们容易上瘾，特别是与肉体相关的东西更是如此。有些人可能尝到一点甜头、生活得到一些方便，或者得到一些称赞和成就感，就会停下来，不再往前走。

走到最后，能够坚持的人确实不多。要不就是之前有极大的痛苦，要不就是在中道、臣服与参的路上熟练到一个地步，像是活了亿万年的老灵魂，已经尝过一切，没有任何东西能让他上瘾或着迷。他只为了对真实的信心，继续走下去。

练习：你可以承担吗？

有时候，我会跟身边的朋友开玩笑，说遇到一些挫折、感觉没面子、窝囊的事，看自己能不能脸皮厚一点，把受伤的感觉踢开，该做什么做什么，也就把这段困难的时间度过。

事后，也许隔天、下星期或几年后再回头看，自然会发现当时感觉很痛，但现在对自己早就不是多难受的事了。

有些时候，我们遇到非常大的困难，也许是疾病、受伤、损失、纠纷……带来重大的打击。坦白说，愈难，我们反而更要试试看——不再跟自己较劲，不再跟自己过不去，不要再计较自己做得如何，不再计算能不能减少损失或得到更好的结果……在最困难的时候，看我们是不是有像 Rachael 这样的坚定心，把眼前的坏事承担起来，把自己扛起来，往前走。

心态的转变，本身就是一个最大的练习。这时候，通过前面提到的感恩、呼吸、“一切都好”“宇宙不会犯错”正向的声明，都能陪伴我们一路走下去。至于走到哪里，也不去在意。

这种不介意结果好坏的心态，本身已经含着一种友善的中立性，带我们看穿眼前，反而有机会回到内心。

39　心的蓝图

我们臣服到整体，能臣服到哪个地步，跟内在的信心有关。或者说，是通过信仰，我们才可以臣服到底，而足够成熟。

我们不断地练习，点点滴滴采用中道，到最后会发现主体和客体的区分不再那么明显，就好像一切都是一样的，注意力的重点只剩下最单纯的动力，也就是心流。

为什么还有一点残余的动力，也只是我们还有这一生带来的随伴业。随伴业，也就是伴着我们这一生随之而来、等着完成的业力。就是我们醒过来，还是有这一点随伴业要完成，要走完这一生的旅程。

但我们会发现，这点残余的动力是自己执行自己。我们不需要再加一个标签去注意谁在带动、谁是主人，已经没有这种区分可谈。

通过每个动、剩下的一点点动力，我们都可以活出领悟。没有谁是主人，没有谁在引导，没有什么方向可以到，也没有要达到哪里。动，为动。

心，有一个指南，是心流带着我们走，圣灵带着我们走下去。我们通过中道，完全臣服到心、臣服到整体，交给整体的蓝图。活着，靠心，交给心。生命的蓝图，从心就定案了。在这一生的表现，会考虑到我们业力的阻碍。每个人这一生带来的阻碍不同，有各式各样随伴业和福德的组合。也可能还有一些“债”需要还清，有些业障需要克服，而这一生还会有高高低低的起伏。

过去，如果我们做过一些不妥当的事，业力很重，这一生投入修行的路不见得会顺。当然，我们不见得能意识到，于是遇到困难也难免后悔，不想再走下去。是这样，我才会提醒信仰的重要性。

我们对真实和生命的本质充满信心，无论什么困难都可以度过，可以忍耐。也许我们还会碰很多钉子，摔倒很多次，但仍然可以不断交给心，不断磨炼自己，设法解决困难或交给心来解决。这样子，还是一路走下去。我们只是相信生命到底，而信心不再动摇，至于这一路是困难或轻松度过，也无所谓。真要说差别在哪，就是差在这一点——信仰，对真实的信心。

头脑要醒过来，它需要一个解释、一个参考的架构，让它能够合理化，可以说服自己。我才会用那么多肯定真实的句子，像是“Yes!”“All is well!”“一切都好！”“宇宙不会犯错”，并把这些提醒当作练习。这些话让头脑有一个可以依靠的架构，让它被说服，放弃反抗，而早晚让这些观念落到潜意识，做个彻底的洗脑，帮助我们度过困难，度过转变的经过。

但是，臣服的心并不需要这样的说服。我们的境界没有不好，本来一切都好，也已经点点滴滴通过每一个细胞、每一个动作活出一切都好。它一路走到底，不需要去解释，它本来就肯定宇宙不会犯错，为什么还需要额外的说服和提醒？

我们有信仰，相信到底，会知道无论什么困难都可以度过。但如果我们还没有成熟到那个地步，当然需要在这过程给自己打气。

也就是如此，这些练习才那么重要。

心可以带着我们成熟，但头脑也可以。通过不断“洗脑”，也会慢慢让我们成熟。“Yes!”“宇宙不会犯错”“样样都好”这些提醒，好像不断为我们自己洗脑。不要小看这种洗脑，它还是会让我们逐渐进展到生命带来的成熟度，让我们可以度过，可以看穿。

头脑慢慢成熟了，也会影响到整体，影响到身心。

40　接受那不可接受的

对有些朋友，也许中道最大的作用就是让我们突然充分了解——这一生遇到的困难、受到的创伤、命运的不顺和挑战，完全是因－果的组合，是业力的组合。

我们不是光从理论去理解，而是从各层面完全接受这一点——无论是跟伙伴、伴侣拆伙，遇到灾难，诸事不顺，遭受别人根本想象不到、无法接受、难以理解的误会，倒霉再倒霉……都是老早安排好的，是从各层面业力组合而来，甚至是这一生前早就定案的。

如果我们可以接受，而且彻底接受，反而能明白——这正是一个用中道回转到自己的机会，并通过这样的机会来表达自己的领悟。

就算心里难以接受，感觉很不平衡，觉得自己这一生怎么处处不如人。假如可以通过练习用中道来面对，我们早晚会发现自己可以想开，心里的障碍和过不去，也可以过去了。

即使一开始没有足够的信心，用中道走到最后，我们早晚也会发现没什么好计较——命不好、这一生到处碰壁、事业家庭人际关系样样不如意……都可以接受了。既然我们可以接受，也就发现比较容易做回转的练习——不管顺不顺，在任何场合、任何瞬间都可以彻底接受、接纳、肯定、欢迎、感恩，不断向自己声明宇宙绝对不会犯错，我们完全落在中道的轨道，早晚也就轻轻松松走出来了。

我们没有那么在意，只是眼前来什么就处理什么，反而心里的结就打开了。

几十年来，我发现人要得到心理的疗愈，回转到自己大概是最有效的方式。

讲“回转到自己”，好像有个动作、有个方向，好像是一种时-空里的观念。但这只是一种比喻。认真讲，它没有一个方向，也并不是说有个动力在推，好像要回转到哪里。

回转到自己，只是无条件的接受。

许多朋友有强烈的受害感，认为自己这一生受到不好的对待，无论命运、环境、身边的人都亏待他。然而，痛苦中的朋友通常不会认为是自己的问题，更别说意识到自己可能伤害过对方。他会觉得自己完全清白，完全体会不到身边人的痛苦。

我时常提醒身边的朋友，遇到不顺，不要那么笃定认为都是别人的错，认定自己受亏欠，以为别人欠我们。

假如我们彻底领悟一切都是注定，一切早有安排，而且安排得刚刚好，没有什么差错，全都符合业力的运作。是通过对称的法则，我们自己选择活出这一生的遭遇，只是自己不知道。

这时候不用再计较，也不用再把罪名加在别人身上，不用再批评伴侣，不用再随时检讨这一生——总认为自己不幸，不符合自己的理想和期待……

无条件接受，本身就是回转到自己，也就是中道。

我们一般人确实不容易做到，毕竟把注意力回到自己，也就把痛苦、难受、不顺的原因给收了回来——那么，带来不顺的，难道就是我们自己吗？这样的推论，会为我们的自我感带来很大的威胁，好像自己才是罪人一样。小我会用各式各样的方法来转移我们的注意力，不让我们那么简单把注意力收回到自己。

有这种自我防卫机制的门槛在，如果我们只是采用单纯的中立性、单纯的观察，这条路很难成功。我也很少看到有人成功。是这样，我才会一再强调中道不是单纯的中立性，而是一种带着正向的中立性。用正向的接受，正向的接纳，正向的欢迎，或是用各式各样的肯定句，像是“宇宙不会犯错”“Yes!”“一切都好”来表达这种正向。

我们这样做，反而让小我放下武器。它没有准备，根本没预料到等着它的不是反扑、不是处罚、不是责备，而是欢迎和接纳。这一来，面对眼前的不顺，它反而完全可以接受了。

我们正向的态度，等于为它带来快乐和多巴胺的期待。它高兴都来不及了，也更愿意配合我们，回到友善的中立性，回到中道，将注意力回转到自己。

中道，带着一点正向的味道，完全符合我们心理的作用，而可以为现代人带来一个彻底的解答。接下来会发现可以为一切画上句号，安心往前走。

如果这一关可以过，对我们，修行、臣服和参也就成为新的正常，是生命再自然不过的部分。

接受，可以从眼前的状态开始。

体会一下自己：身体是疲劳还是有精神？内心是平静还是烦恼？是舒畅还是恐惧忧郁？有没有其他萎缩或激烈的反弹？

也许夜里醒来，刚做了噩梦——心里有没有什么地方不舒服？有没有哪里感觉萎缩？哪件事还没有完成？或还有什么任务可能要完成的？

无论什么状况，我们都可以对自己的状态做一个肯定，告诉自己——这些状态，我都知道，我可以完全接受，完全容纳，完全包容。没有什么大不了，也没有什么“好”的状态是我非得立即成为不可的。

接受，包括接受自己还没办法完全接受的，甚至连我们无法接受的部分都可以接受，而且快乐地接受。光是通过这样的肯定和接纳，我们已经站到整体，可以友善接待自己，这本身就是臣服。

面对生命，我们随时庆祝、不断地感恩、不断地接受，走到最后也只是臣服。快乐地臣服，友善地臣服。这本身又变成一个超链接，带我们回到“这里–现在”，回到神圣的空间。

就算我们没办法立刻臣服，也可以用各式各样的工具帮助自己踩个刹车——可以做谐振式呼吸、到户外走走、摆开眼前的难题去做点激烈的运动、问自己“是真的吗？是否是这样子呢？”或是提醒自己“一切都好，一切都是OK。生命不会犯错”。也可以想想关爱我们的人，想想他会怎么陪我们一起面对这个瞬间，一同承担我们没办法承受的孤独、恐惧、不安全感、悲伤、眼泪……

臣服包括一切，包括主体、包括客体、包括受伤的人、包括伤人的人、包括正在受伤、包括受伤的动作、包括受伤的影响……全部含在臣服里面。

生命本来很单纯，但人生样样都被我们变得复杂，复杂到最后就是痛苦。就是有一点短暂的快乐，我们还是随时又回到脑海去找烦恼、窝囊、痛苦。我们快乐地接受、喜悦地臣服，也只是简化脑海的制约，通过生命态度的转变，把我们对现实的认知完全推翻，颠倒过来。

接受，接受到底。最后我们会发现，好像就连特别去臣服、特别去接受的动机也可以省掉了。我们本身就是一切，何必再绕一大圈去寻找一个方法面对生命?

还是可以轻轻松松让生命来，让生命走?

这样子，也全部都接受了。

41　自然的后果

我们采用中道，面对什么都可以接受，有一个我认为非常不可思议的现象，或说后果。

我们不断练习，无论遇到什么困难、任何状况都继续练习。不知不觉，我们会发现本来这一生应该走某一条路，是过去由业力组合的，但突然间，人生的路已经不一样，我们可以走上一条不同的道路。

就好像，通过中道，我们不断回到原点，回到更高的聪明、本能或源头，然后发现自己可以有选择，而本来根本不知道有哪些选择。一般人都会认为自己可以做决定，随时可以自由选择。然而这种自由感是错觉，是不存在的。再真心相信自己有自由意志，也不会让错觉成真。

只是我们既然以为自己有自由意志，遇到阻碍，当然会想去改变，想修正命运的某些部分、扭转眼前的状况。然而，从业力的运作来说，这些作为和动机，就像往火里浇油，只是让火愈烧愈大，愈难收拾。

如果我们完全清楚了，随时可以选择臣服，选择回转。这样，我们和生命接轨。没有抵抗，反而为自己争取到更多的空间，找到一条出路而把过去业力的限制取消，达到彻底的转变和调整。

不仅个人是如此，民族和社会也一样。如果影响够大，整体的业力也会随之改变。以我们华人来说，好像在哪里都很容易得到物质和财务的成功。但大环境稍有变动，这些成就也很可能消失。我们在心灵方面的努力，是有机会影响到周边，甚至影响到民族整体的业力。

当然，这些话对大多数人来说，可能会觉得不合理。但对我，这才是真正理性、真正符合科学的道理。重点不在改变命运，然而，我们生命的限制彻底打开，命运的改变自然会成为一个后果。

不只命运的改变不是重点，很多朋友会好奇灵魂和轮回的问题。坦白讲，这些主题对我来说是次要的，关键还是我们先了解真正的自己。我们走到一个地步，假如随时在一个臣服的状态，会发现连灵魂都是头脑的产物、是头脑产生的概念，也可以说是一个错觉、一个幻想。而我们有这身体，本身也是幻觉。业力是一连串因－果的观念自己在运作，是老早决定的。如果我们只是身体跟着因－果的连锁在运作，那么，什么是轮回？

对，在这连锁里，好像有一种机制叫作轮回。但是如果我们彻底懂了，也就会像释迦牟尼当时所说的，连我们有个灵魂都是幻觉。既然没有灵魂，哪里有轮回？

正因如此，我过去几乎不用灵魂这个词，也不怎么谈轮回。

只是对于认定自己就是身体，而身体是真实不过，全部的生命和注意力就在与身体相关的一切里打转的人，那当然，我们可以说有个灵魂在带动身心，有轮回，而我们要一次又一次来到人间，为了学习。就连我也借用这种比喻来谈——如果这一生没有真正解开、没有贯通、没有体悟到底，那就下次再来，再重新掌握学习的机会。

现在我们懂了，不断回到眼前神圣的瞬间、神圣的空间，不断在一个臣服的状态，会发现自己老早平安，也根本不会去追究轮不轮回的问题。一切到这里为止。

过去不懂，业力像野火不断地烧，而我们通过反弹不断补充燃料。突然，我们看穿了，不再提供燃料，只是让这一生带来的业力自己烧完。我们不需要虐待、折磨、看轻身体，就算走了点冤枉路，也可以放过它。

这样子，一切就平安了。

我们内外完全达到平衡，达到一种宁静、涅槃。

42　让残留的业力自己消失

中道根本的基础、练习的机制、中心的理念，就是臣服。

臣服是接纳一切，肯定一切，接受一切，我们自然滑回内心。懂了这一点，任何的修行包括静坐、祈祷、持咒、布施、服务……都可以让我们回到家，没有矛盾。

有些朋友会担心，认为修行是从人间解脱，怎么可能通过接纳、肯定、接受人间的一切，就可以让人间消失？让人得到解脱甚至醒过来？

首先，会有这疑惑，其实还是我们对眼前这个现实的组成，缺少正确的认识。

对我们，因－果的运作是一个因，造出果，而这个果又会变成下一个瞬间的因，就这样一个一个接着，像流水一样不可能止息。至少对我们，因－果是相连相续的，不可能中断，也不可能打破。

我们看这瞬间、看自己的人生，也确实不是断断续续的。无论是眼睛看到的画面、感官、神经、脑海的体会，都让我们感觉样样都是连续的。

通过脑海自己解释因－果的机制，我们会得到一个很完整的世界，一套前后连贯的故事或剧本。一切有开始，有结束。有生，有死。非常合理。而我们在这个世界、这套剧本里好像可以自己决定“因”，来操纵故事的“果”。

然而我们活着的生命，其实已经是后果，根本没有让我们自由决定的空间，没有自由意志这件事。我们以为可以选择发挥不同的人生意义，选择完成什么目的，把这种自以为是当作自由意志——但这完全是头脑想带给我们的印象，只是头脑的幻想，我们根本意识不到一切早已注定。

我们通过自己的行动、决定、安排、规划、筹备……带来的作用，最多只是为这个幻想补充一些素材，让剧本多一两页，好像延续一点时间。

多年来，我都在谈这些观念。这一次，我希望可以站在弥勒佛–基督的意识，也就是唯一而且同一个意识、一体的角度来谈这个主题。

我们通过臣服，不断接纳，不断接受，不断肯定，也就是不断从眼前的现象、心中的失落、痛苦、窝囊回转。我们只是样样都放过，样样让它存在，而面对样样都可以自在。

过去，我们一生都想做点什么，认为要通过一点动态、一点动作、一点行动，看能不能干涉眼前的世界，改变前行的方向，影响接下来的后果。然而，我们开始发现，生命有一个很大的层面，比我们通过“动”可以调整的层面远远更大。它是一种存在的层面，跟我们有没有行动、有没有声音、安静还是有念头……一点关系都没有。

它本身是本体。

我过去也说是随时存在的“背景”，只是我们之前注意不到，也就觉得它是没有，而会用“无色无形”来称它。

现在我们注意到了，也就发现不断臣服，不断让眼前的现象存在，眼前的一切反而失去了存在的动力，甚至没办法继续存在。

这一生带来的随伴业就像一支箭，射出来时有一定的动能。我们对一切不再有矛盾，不想跟随伴业对立，只是顺着它残余的动能走。它的动能会慢慢消失，早晚有一天会完全失去动力，落到地上。

我们没有去管它，没有做什么仪轨去消除业障或加速它的消耗，只是让它按着既定的方向和速度继续进行，完成它本来的旅程。

我们臣服，放过它，接受它，肯定宇宙不会犯错，用“Yes!”来肯定、来欢迎……它只剩下眼前这一点空间，没有别的地方可以扩张它的运作。在能量消失前，它还会在这里继续烧。

它存在，需要我们提供更多的动力。但我们不再为它补充了。我们不再为它加一个标签、加一点描述、送上一些评价、后悔、懊恼、期待……只是让它自己烧，再旺，都让它烧。我们不再通过反弹、担心、抵抗浇上燃料，不给火加上更多的油或酒精，它早晚会烧完，会自己消失。

这个现象的层面、外在、世界，早晚会消失它自己。到最后剩下什么？剩下的，是本体，是心。或者说大我、支点、奇点。回到这里，就没有更多的动力了。

人间过去带来的因–果，本来烧得很旺，让我们总是认为被欺负、受委屈，认为自己需要回击、需要出口气、需要让对方知道自己不好惹、需要让别人明白自己的可怜和无辜，有讲不完的反弹……种种业力像森林大火烧不完。我们通过臣服、友善的中立性，一再放过眼前的变化，回到奇点、支点、大我。

这就是中道。

我们在相对的层面不再带来任何阻碍，不再捕捉特定的观念、看法、标签，不再加上自己的解释。这都是相对世界运作的燃料——说得愈多、想得愈多、担心得愈多，只是帮助它烧得更大。

突然，我们不再跟它带来对立，而是完全肯定它。现象的世界本来就是通过摩擦，通过我们给它注意，给它能量，才能运作起来。我们现在退了几步，不理会它，不阻挡它，让它自己存在。少了我们带来的阻力和摩擦，它怎么烧得起来？就算还有点残余的火苗，还能烧多久？

我们一再通过中道，回到大我，回到这个门户，休息在支点、奇点。就算身心难免还有些起伏，我们已经愈来愈熟练，愈是可以轻轻松松地放过。

《心经》讲色、受、想、行、识组合这世界，组合种种的现象。到后来，现象的变化，不再那么启发色、受、想的运作，就连“行”——一切的动念、有生有死的部分，也没办法再起伏，好像差不多，安静下来了。

我们突然体会到什么是沉默，什么是无条件的爱，无条件的慈悲，无限大的聪明，一种宁静，一种平安，远远超越世界可以理解的。

43　野地里的百合

一切都是注定的——这观念在本书中一再出现，也就反映了它的重要性。

这个“注定”是从很多层面、不同的面向组合而成的。

我们通过五官和头脑，能理解的范围其实很有限。我们能观察到的就是这世界的因－果，这瞬间的果变成下一个瞬间的因，这样子连锁不断发展。然而，我们不了解因－果关系可以来自不同的层次，包括从宏观到微观、从大到小。我们其实已经是某个后果最终的体现，早就注定。

既然这一切还是注定的，在现象的层面怎么去抵抗，还是慢了很多步。我们唯一的自由，就是将注意力回转到大我，回到真正的自己。即使小我的阻碍还没有完全清理，还没有完全净化，但我们还是可以跨过去，回转到自己。

我们充分将注意力回转到大我，明白小我是整体的延伸，或者说大我的延伸。小我变成了一种服务的工具，可以随时为大我服务。尽管小我永远无法理解自由意志，但用这种方法，我们反而突然明白什么是真正的自由意志。

也只有这样，哪怕我们不去管、不去影响、不去干涉世界，反而成为引发改变的火种。带来的变化不是眼前小小的改变，而可能是一个全新时代的到来。

大圣人比如拉玛那·马哈希或六祖慧能，即使离世百千年后，人类依然记得他们。他们的寺庙或道场可能毫不起眼，在人间也没有累积什么权力、名誉或财富，却有莫大的影响力。

这本身就是一种悖论：他们没有去抓、去影响、去干涉世界，造成的变化却远远超过历代任何的王、领袖、所谓伟大的人物。

这个悖论，我们要自己去参悟。

前面我没有特别谈基督宗教，其实一样离不开中道、离不开真实。一般人会感觉释迦牟尼谈的是智慧法门，而耶稣强调爱的法门。然而，我们也可以说智慧与大爱是两面一体。一个从智慧的法门切入，另一个从大爱的路走进去。一个讲究智慧，另一个讲究臣服。

表面上，基督宗教信神，信主，好像在心外还有一个额外的对象。但如果我们把主、神当作绝对、当作一体意识，那么，《圣经》所谈的和我们通过全部生命与唯识讲的，又有什么不一样？

你们看那天上的飞鸟，也不种也不收，也不积蓄在仓里，你们的天父尚且养活它，你们不比飞鸟贵重得多吗？你们哪一个能用思虑使寿数多加一刻呢？何必为衣裳忧虑呢？你想野地里的百合花怎么长起来，它也不劳苦，也不纺线，然而我告诉你们：就是所罗门极荣华的时候，他所穿戴的还不如这花一朵呢！（《马太福音》6:26~29）

无论从哪个角落切入，我们最后会深刻体会到耶稣这句话的含意**“何必为衣裳忧虑呢？你想野地里的百合花怎么长起来，它也不劳苦，也不纺线。”**它们只是在阳光下快乐享受自己的生命，管好自己的事。

这种境界，只有彻底转变自己才能真正懂得。

如果我们没有经历彻底的转化，听到这些话，可能会以为是要放弃人生、什么都不管。实际上，这些话背后含着很深的意思：我们是由业力组合而成的，一切都是注定的。我们不断与生命接轨，不断臣服，臣服到最后，好像对这个瞬间或下个瞬间的作用产生了一种绝缘效果——不管下个瞬间是好是坏，我们都无所谓了。我们好像早就活过、度过了下个瞬间，没有再什么新鲜、稀罕的发生，会吸引我们的注意。

任何事，不管是好事还是坏事，都不会让我们大惊小怪，也不会让我们动摇。对我们来说，还有什么事情是没看过的？还有什么是无法让步的？还有什么会让我们无法活出最高的慈悲？让我们不想用最高的智慧来面对一切？

我们臣服到最后，好像所有的事情都看过、都经历过，接下来没有什么能真正迷惑我们。无形中，我们会散发出一种勇敢的力量，好像什么都不怕。就像威严的狮子，它不需要吼叫，但周遭的生命自然会有一种尊敬，知道它什么都不怕。根本没有什么可以阻碍它，没有任何东西可以成为它的障碍。

我们在这个境界流露的勇气与力量，也就是南传佛教十波罗蜜所讲的“力”波罗蜜。这一生，当然没有回头路了。下个瞬间，不管是不是受到欺负、有没有人欺负，我们根本懒得去评价、去贴标签。就是往前走，向前行。

这样差不多就是开悟的境界了。

这时，我们也不会去计较什么解脱不解脱，样样都可以是方便法门。过去有什么不对劲的，修正就好了；过去有什么专业，可以拿来用就好了；有些不该做的，不做也就没事了。

释迦牟尼曾经有一个前世是船夫，船到了河中央，他突然发现船上有个乘客是强盗。如果不去处理，全船的乘客都要受害。当下已经来不及告知所有乘客，这时船夫没有犹豫，一出手就用撑船的竹竿将强盗推入河里。

这不符合一般人的善行，甚至会被认定是犯罪，而引发很大的冲突和法律争议。但他一个念头都没有，眼前该做什么就做什么。有保护众人的心，就保护众人。有因－果业报，就接受因－果业报。

这就是方便法门。

他根本不符合社会的标准，不符合别人的要求，不符合别人的期待。我们怎么能将这样一个人框架起来？用规矩约束他？

许多人对开悟的人有一种想象或期待，认为开悟后就要做什么，但事实上这根本预测不来。就算说波罗蜜是最终的境界、最终的表现，但谁能去定义？去限制？

假如我们真正相信一切是注定的，那么，任何有这样信心的人，可能就不会浪费那么多时间去抵抗世界、拯救世界、想完成一些项目或者为了未完成的任务而不断烦恼和担心。反而，他会放过世界。

许多朋友第一次听到这观念，可能会感到奇怪，觉得我是希望人要自私一点、只管自己就好，也可能还担心自己没有尽责任去帮助身边的人、救世界。

别忘了，宇宙的法则也就是业力法。一切的一切都是由业力组合、由业力延伸的，都还在因－果的范围内。假如我们真正能体会到这一点，那么一切当然都是注定的。只要我们还在这范围里，一切都注定好了。

既然是注定的，那么，不论我们怎样往火里添燃料或者抵抗，不仅没有帮助，反而会给自己带来巨大的反弹，宇宙也会反扑。懂得这些道理，我们会将剩下的时间完全用来回转到自己，先把自己的事情处理好。

问题出现时，该处理就处理，该解决就解决。随时用中道回转到自己，我们走到最后会发现——原来只有站在整体的角度，才有自由意志。站在个人的角度，一切不管怎样，还是注定的。

44　接受不可知

在业力和因–果的范围，一切是注定的。但我们还可能不放弃，“我”会希望知道是怎么注定的，注定的方向是什么……想制造一种确定感，来满足头脑的理想。

要打破这个幻觉，突破理解的局限，也只是靠臣服。

如果我们再大的痛苦都可以接纳，样样都可以接受，诚恳地执行下去，会发现生命有三个部分——可以知道的、还不知道的、没办法知道的。我过去会简单说是“知，未知，不可知”。

包括宇宙的组成，也是如此。我们以为可以触碰、体会、仪器观测得到的物质和能量加起来就是全部，但这其实只占了整体的 5% 不到，95% 以上都是仪器观测不来但理论上存在的暗物质和暗能量。

也就是说，我们观测不来、无法知道的，才是整体主要的部分。我们的技术愈来愈发达，仪器愈来愈精细，好像一步一步逼得未知缩小范围，同时扩大知的领域。但这些努力最多在 5% 上下取得一点边际的成果，更大的层面仍然是永远不可能知道的。不可知的领地，远远比知与未知的总和要大得多。

这是一个物理的道理，我们一路探讨下去自然会得到这结论。它是否成立完全基于理性，跟我们认同与否、相信与否、欣不欣赏这理论，一点关系都没有。但假如我们想通而且可以认同，对生命、对自己的态度很可能完全改观。

每一个瞬间，有我们认为自己知道、可以知道的一个层面，也有一个层面是我们还不知道的，但更大一个层面是不可知 —— 它怎么组合起来的，我们根本不知道。就算理论上认为是通过因 – 果组合的，我们也有好多层面不知道，甚至知道不了。

如果我们可以坦然接受生命的未知、生命的不可知，那么，我们自然发现人生再大的难关，过去无法接受的，也就可以接受。无法包容的，都可以包容。别人没办法忍耐的，我们都可以忍耐。在这样的情况下，我们都可以随时回到中道。

我们已经走上接纳、欢迎、感恩的路。不光是接纳、欢迎、感恩我们可以知道的，甚至对还不知道的、不可能知道的，一样接纳、欢迎、感恩。到最后，我们会发现，在样样还没有来时，已经可以接受了。

差别只在于，我们现在有一个理解的基础，不再是闭着眼睛、蒙着头接受，而是彻底明白，生命里我们可以知道的部分实在太少太少，不可知的部分，才能真正代表我们的生命、我们的一切、我们的真实。

至于眼前这瞬间的出发点、目的、可能进展到哪个层面……我们本来就不知道，知道不了，不可能知道。既然如此，接下来没有什么可以练习的。哪里还有什么需要我们接受或不接受？这些观念，到这里已经是多余。

什么来，就让它来。什么走，就让它走。

真实，跟我们接受或不接受，又有什么关系？还有什么非要勉强自己去接受？

我们自然活出一种超越理解的平安。

45　意识优先的生命

我在华人的圈子时常体会到一种反弹——认为经典的话太玄、太虚，和现实生活搭不上线。好像人间的财富、名气、权力、贪嗔痴才值得认真追求，而真实是假的，连注意都不要多注意一点。

这种反弹很普遍，也完全可以理解。毕竟近代历史充满了物质的匮乏和输给别人的恐惧感，人太多，资源不够，自信也不足。整个文化也就让生存和物质带头，盖过了心灵的需求。

这几十年，也许经济富足到一个地步，愈来愈多人开始追求人生的意义、生死的问题。我注意到的是中年人比较多，也有些是年轻人。

但是，走上这条路，面对一生的不快乐和烦恼，似乎又同时有一种认知的断层——要不把空性和智慧当作纯理论，认为和现实的问题不相关；要不就落到一种人间的方式，用物质化的方式去追求空。于是也就有了世俗和修行的分别，而修行还有求道、道场、出家、舍离等种种形式。许多人把形式等同于真实，还在不同的形式之间做各种区别，延伸各种辩论。

这一点，我认为相当可惜。用相对而有限的人间想去限制、解释、追求无限大的真实和绝对，没有通过个人的体验彻底想通、彻底活出来，就把相对和绝对当作互相排斥的存在，认为有这个就没有那个，反而造出更多的隔阂和矛盾。

我们讲唯识，但现代人完全活在唯物，就连意识都只从物质的层面去解释——认为是有了物质、有脑的生理架构，才有意识。许多自认在修行或对心灵领域有兴趣的朋友都有这种情况，他们觉得自己懂了，但是接下来，他们的反应、思考和表达选择的完全是一种物质优先的路，好像意识优先这件事从来不存在。

到现在，经过这么多作品，我们终于有一点空间，让唯识的观念、整体的意识、绝对的意识浮出来，而可以整合。

过去我们读经典，无论《心经》《金刚经》《圣经》……可能会认为充满矛盾，含着许多不通的观念。像“色不异空，空不异色；色即是空，空即是色”同一句话有相对又有绝对，而这两端好像碰不了头。现在，我们的看法不一样了，发现原来在讲两个层面——有相对，又有绝对，而整体和真实是两方面都有。

这一来，我们懂了原来自己代表两方面，有肉体、是业力组合的相对，而同时又有一个绝对而无色无形的层面。我们是一切，两个都是。当然，我们也可以反过来说两个都不是。

为什么一下子说两个都是，马上又说两个都不是？——就是要克服头脑和语言的限制。

如果只讲“两个都是”，我们头脑会去抓，会在脑海建立一个从没有到有的光谱，而想一一去掌握。但头脑是相对，再怎么去抓一个完整的光谱，还是落在相对，最多是取一点样，而不是整体。

再补充上“两个都不是”，也就是干脆再做一个颠倒，不让我们在相对的层面抓到一点“空”的观念。这样子，也就没有一个观念可以靠得住。

绝对是不可能用语言、念头、任何工具表达的。既然什么都靠不住，没有语言、念头、观念是可以靠的，我们心中有一个体、有一个机制叫作智慧，也就自然浮现了。

46 放松到非时间、非空间的永恒

一般会认为空间是具体的存在，而觉得时间好像没那么具体、没那么扎实。但事实是我们随时听命于时间、受时间使唤，完全没办法脱离时间的作用。不光身体的老化，包括我们对现实的认知，都离不开时－空的作用。

时间，让我们可以评估空间，对空间得到一个意义和结论。有时间的作用，我们才可以将空间的一个画面和另一个画面做比较，不光得到一种立体感，还可以得到事件发生的经过，产生一个故事。不然，光是只有空间，我们没有剧情可以继续延伸下去。

我们受时－空的作用太直接，总是不断担心时间上的发生，像是昨天发生了什么，明天要面对什么，后天要准备什么……心里一大堆不晓得哪来的负担和压力，都和时间的观念脱离不了关系。

谈时－空的作用，也就是业力。

这一点，我在前面提过一个“不要看时间”的练习。这个练习，只要做就能体会到——走到最后，是把时－空的观念打断。

有意思的是，如果能将时间的观念踩个刹车，我们不用再额外去消除空间的观念，空间对我们的影响已经很少或是没有了。最新的物理学也点出这样的奥秘——就连对我们很具体的重力，也是一个时间的观念。

我们要解脱，主要还是从时间的层面着手。假如时间的观念彻底解散，我们甚至不会受到地球重力的作用，也没有空间带来的压迫。

我自己很少看表，不晓得多少年没有戴过表了。只有要演讲、有时间限制，或跟人约好要见面、要开会，我才会去注意时间。

是在时间的层面，我们才可以得到解脱。假如我们随时在注意时间、担心时间，不要说谈不到醒觉或解脱，就连心里的窝囊都没办法解开。

从时间解脱，最直接的方法，也只是为自己取得一个暂停的空当。也许通过舌抵上颚，或是中道的任何方法。只要我们有信心，任何瞬间都可以让注意力回转，也就已经在抵消时间的作用、打破时间的观念。

经过一定的练习和亲身的观察，在注意力回转、回到中立性的过程中，我们会发现正向的作用有多重要。特别在这充满了摩擦、对抗和冲突的世界，我们格外需要一些正向的支持。

从相对，滑到相对和绝对的边缘，或说门户、奇点——在这过程，我们把样样变成友善，变成正向，对于头脑是比较容易接受的，而不至于再带来种种阻碍和门槛。

我们这世界，是小我通过二元式的聪明组合的。如果我们面对任何观念都突然可以接受，不再有对立，这对小我是“不太正常”的全新反应。在练习的过程，小我免不了还要带出一些抵抗和反对，想通过逻辑把新的反应推翻。

但是小我一向把世界划分成“好”“不好”“正向”“负面”，这些标签对它并不陌生。我们用正向跟它对话，它还是可以体会的。我们继续采用正向，加上“Yes!”“欢迎”“一切都好”，正向再正向，反而小我的反抗没办法再运作，只能完全投降。

更重要的是，正向会为小我带来快乐、放松和舒畅。每次谈到从身体着手的练习，我都会提到迷走神经。这是负责放松的副交感神经很主要的部分，而又能将身体的状态回传到头脑。我们通过呼吸、舌抵上颚、持咒、运动……让身体放松了，这个放松快乐的信息通过迷走神经传递给头脑，让头脑体会到——一切都好，可以放松，不用再紧张了。

一样地，我们通过“好”“一切都好”“宇宙不会犯错”这类肯定的声明，特别是说出声音来，也就通过我们的行动、迷走神经的系统，让头脑可以跟着放松，进一步用这种友善的心情来做见证、臣服、参、在、觉……而带给自己放松、正向、喜悦的体验。

有这种舒服愉快的好事，小我很喜欢，怎么会反对？这样子，练习和修行也就变得很顺。我们练习，也可以培训头脑同步，而跟一体、大我、心……不知不觉就接轨了。

头脑和小我不再带来抵抗，甚至更期待我们练习。练习让身心舒畅、快乐又有安全感，它怎么会不想做？

通过正向的态度，阻碍消失，我们不知不觉已经简化多个层面的作用，从各层面塌缩到一个地步，甚至比平面、线或点还更简化。我过去用数学的奇点表达的就是——我们将一切浓缩再浓缩、简化再简化，到了几乎没有头脑干涉的地步，或头脑干涉不了的边缘。

这样子，心就把没剩下多少的头脑慢慢净化得差不多，几乎是透明。到最后，最多剩下一个空的容器，连这个空的容器也被化解、解散，被融化掉、吸收掉。

这就是解脱。

这种修行一点都不玄，没有什么可以让头脑挑毛病、认为不理性、不科学。弥勒佛、基督带来的妙胜智就是如此完美，让我们找不到一丝缝隙或缺点。

我不断换个方式、换个比喻、用不同的角度来谈，希望从各个角落带来一点信心，验证我们自己的领悟。但愿打下一个很稳重的基础，让我们可以不断往前走——不要碰到一点问题，遇到喜事或是不顺，或是过去的创伤浮出来，就让我们踩个刹车，走上不妥当的路，可能又把这一生耽误过去。

如果我们对真实、对生命的本质、对真正的自己有充分的信心，那么，我也只能很诚恳地说——通过中道、妙胜智、唯识带来的基础，我们可以为自己省下相当多的时间。省下的，不光是这一生，还是未来的生生世世。

47　愈成熟，愈诚恳；愈是诚恳，也愈成熟

我们愈来愈成熟，自然会诚恳——从行动、表达、思考都是一致的。内到外、外到内打成一片，和生命接轨。

谈中道，到最后最多只是帮助我们成为一个诚恳的人。

我们采用中道，也就是不断回到自己，回到内心。回到内心，不会再有什么其他的地方可以去，只剩下一点最终的本能。我们没办法把这最终的本能或本质再投射出去，最多只是臣服，而只能诚恳。

可以这么说，任何修行或练习浓缩到最后就是诚恳心。有诚恳心，一切会到位。只怕我们没有诚恳心，言行不一致，为自己带来很多痛苦，日子充满矛盾、冲突和不安。

从全部生命系列的书、讲座、有声作品，到连续几年举办一两个月的共修……我一路准备下来，也只是希望大家可以成熟、诚恳到一个地步，把生活点点滴滴、每个角落都当作练习中道的机会。

比如说，夜里被噩梦惊醒，醒来时可能还有眼泪，梦里的争吵和心酸还哽在喉咙、在胸口；也可能我们想起过去的委屈，种种的窝囊和难受不断涌现；也可能我们终于度过困难，如愿以偿，满心欢喜；也可能日复一日重复同样的日子，让我们觉得人生索然无味……

不管是什么情况，在这个瞬间，练习中道的机会就来了。就在这瞬间，无论好坏，是刺激精彩，还是无聊沉闷，都当作一个很大的机会来解脱、修行、做一个回转。

既然小我的运作，是通过觉察、感受、想这三个机制，组合出各

种印象的关联，让我们体会出一个世界。我们要回转也是通过一个现象的世界，从这对象或客体，我们才有回转好谈——从现象回转，停留在真实、无色无形的门口。

虽说是无色无形的门口，一旦被我们表达出来、体会到，也就还锁定在有色有形，最多只是抽象一点。从人间 3D 或 4D 的角度，没有什么东西叫无色无形。我们通过身心、通过人间、通过有色有形是到不了无色无形的，最多是从身心、从人间、从有色有形回头，回到它的门口。

站在整体，有什么回转可谈？什么叫作瞬间？什么叫作过去、现在、未来？这还是从有限的层面出发，才能划分这些观念，而还有这么多名相可谈。

站在整体，一切老早是涅槃，根本没有这么多讲究。

我们讲的修行，包括中道、妙胜智、唯识……全是为有色有形、为小我带来的方便法门。让我们通过这瞬间，无论眼前是什么，都可以做一个回转，得到一个出口。

出口是什么？最多也只是接受，对一切说“Yes!”完全接受眼前的瞬间，提醒自己“宇宙不会犯错”“一切都好”，或是“Hallelujah!”来庆祝眼前的完美。

肯定再肯定、接受再接受、接纳再接纳、臣服再臣服，就是那么简单的方法，我们让小我跟整体、跟无色无形的全部重新接轨。

坦白说，“重新接轨”的说法并不符合事实。事实是本来就接轨，只是小我不断声明自己没有接轨，自以为有一个独立的作用、独立的聪明、独立的机制，但根本没有。小我从这声明就走歪了，认为自己足以成立另一个轨道，但事实是它没有真正自主过。

面对样样，我们通过一种跟小我自主性颠倒的声明“Yes!”在表达——“我”不再做主。“我”没有资格做主，也做不了主。“我”最多只能跟整体接轨。整体为主，而“我”只是整体的一部分。是“我”跟着整体走，倒不是“我”带着整体走。

我们通过练习不断提醒“宇宙不会犯错”“一切都好”也是在声明这一点。“我－在”的呼吸，也是一个颠倒的练习——不是站在小我呼吸，而是站在主、神、整体在呼吸。通过呼吸，我们在声明真正的自己。

用这么简单的方法，不断肯定一切、接纳一切，我们反而跟整体接轨，不再隔阂。这简单的提醒，是为小我准备，为了小我而组合的。整体并不需要这个方便法，是小我需要。

全部接受，臣服再臣服，加上一点善意的味道，通过正向的中立性，这样子就回转到自己。小我不再做主，我们的注意放松开来，回到这根本、源头的聪明和本能。我们不再做一个带来阻碍的角色，最多只是顺着整体，符合真实的流。

我们的修行或妙胜智最多只是一起做准备，希望大家点点滴滴愈来愈成熟。这样子，中道会变成生活最自然的领悟和理解。

生活本身就是方法，任何角落都是我们的方法。

懂了中道，从任何角落，我们都可以把自己带回到神圣的空间。我们足够诚恳，与宇宙和内心接轨，达到一致。接下来，没有什么好谈的，也没有什么特殊的方法可以再练习的。

一路这样走下去，就没有回头路了。

48　让别人有他自己的神圣空间

真实和世界是两个不同的轨道。心、真实，是绝对的轨道。世界、种种身心的层面，是在一个相对的轨道。友善、快乐、感恩，可以说是一体、意识海、整体、心落在这世界的脚印。我们完全醒过来了，带着这样的心情面对世界的互动，也只是声明自己真正的身份。

臣服，带着善意的中立性，是非常重要的。我们做中道的练习，也只是现在就声明自己的身份，肯定自己的真实。

早上一起床，从朦朦胧胧注意到一点点外在，注意到一点点自己开始，就带着一点快乐和友善来接待自己，欢迎眼前，用中立性来迎接世界。接下来，呼吸、饮食、生活、工作、上班、下班、和家人相处、睡前最后一个还有点意识的瞬间……点点滴滴，我们都采用这种友善的中立性。

熟练了，我们好像换了一个壳子，随时创出一个新的神经回路。包括人跟人的互动，也是我们的机会，来练习这种友善的中立性。

臣服是一种正向的力量。小我喜欢正向的东西，它可以体会到快乐、放松和解脱，而不是萎缩。用正向的方法来进行，能够解除小我的武装，把它紧绷的状态放松下来，让它无法再做抵抗。

本来小我是紧张的、萎缩的，不会轻易放过自己，也不可能轻易消失。突然间，通过正向的臣服，它被引导到了解脱这条路，反而舍不得离开，就像对正向上瘾。

这就是为什么我觉得用友善的中立性来进行臣服是最有效的。这包含了一把钥匙，刚好能配合我们的身心机制来解开障碍，化掉反弹和制约。这样，小我就能够接轨——不光是和我们自己接轨，也与整体接轨。

本来小我充满了反对和抵抗，但突然间，它不再害怕修行，甚至乐于扮演解脱的角色。我们建立并住定在这神圣的空间，只有这样子，可以走出受伤和失落的状态。

走出来，既然我们早晚要接触人，一个练习的机会就是——让别人有他自己一点神圣的空间。

当然，这是有难度的。特别是愈亲近、互动愈多的人，愈有难度。毕竟我们会有自己的理想、自己的渴望、自己的期待，想去要求对方，想把自己的小我延伸到别人身上。

快乐、包容、接纳、感恩，先从自己开始，不光为自己建立一个神圣空间，也把这神圣空间交给对方，尊重他的神圣空间。

面对孩子、父母、其他人，无论年纪大小、是男是女、什么关系或身份，我们不一定非要自己或对方怎样不可，多给彼此一些理解和安慰。这种让步，让别人有神圣的空间，也就成为很自然的练习的工具。

我们给别人神圣的空间，也是给自己同样的神圣空间。每个人都有习气、都有重视的观念，在人际关系退后一点，已经为我们自己的习惯和价值观念带来一种根本的转变、推翻、解散，也就是我时常用"空的容器"、透明化……这些比喻来谈的。

这种领悟，完全和一般人所想的颠倒——重要的，不是小我可以觉察、捕捉或得到什么，反而是可以摆开多少、臣服多少、舍离多少。不是小我能走上回家的路，而是整体或一体意识来接我们回家。

假如我们彻底相信或明白这一点，这一生的力量可能是无穷的。这样一来，重点不再是局限在别的哪里，而是着重于自己——不是小我的自己，而是整体的自己。小我什么也没做，只是不断被摆开、被看穿，直到变得透明，变成空的。

就这样，我们才真正可以做主。本来是小我的奴隶，突然颠倒过来变成了主人，而头脑变成了帮助我们的工具。

49 练习，和过去想的不一样

到这里，我相信你已经体会到——每一个练习，都可以延伸到中道。

在执行的层面，中道含着两个观念，首先是往内转，将注意力回转到自己；接下来，就是无条件接受，同时带着一点正向的味道来接受。

这里好像有一点矛盾，毕竟加上一点正向，就不是无条件。但是，用一点正向的观念来接受这个瞬间、接受眼前的练习，把练习带来的力量当作一种燃料或动力，残余的摩擦和阻力也就消失，而让我们可以轻松地滑过去。

《心经》说“色不异空；空不异色，色即是空，空即是色”，空跟有完全是两面一体。既然如此，身心并没有带来矛盾。

虽然以前提过，我们要把身心摆开才可以接受绝对，才可以接受意识海、接受一体。现在，通过中道，我们懂了绝对和相对是两面一体，会发现身心根本不是阻碍。只是我们过去不懂，把身心当作全部而唯一，才不知不觉让它变成障碍。

现在明白了，能做妥当的识别和理解，我们可以很轻松接受它，也可以照顾它，不再需要排斥或贬低身心。身体也可以在练习和持咒时得到喜乐，就像是代表一体来接受。这样子，全部矛盾就消失了。我们在这肉体的生命里，通过这些练习，让注意力从外在回转到自己，活出本质和真实，是真正可能的。

如果没有这样的理解，许多人持咒一辈子，不明白为了什么在念，甚至把注意力转到讲究次数、发音、频率……反而完全错过了重点。

样样，都可以是超链接。以持咒来说，我们并不需要重复再重复。懂了中道，我们的注意力只是稍微集中在咒语，咒语变成一个超链接。超链接到哪里？到我们的心，到我们神圣的空间。

持咒，变成是我们注意力回转的工具。好像我们老早建立中道的回路，通过这样的回路，任何方法包括持咒、朗诵、呼吸、感恩、舌抵上颚、结构调整的动作……都可以变成一个超链接，让我们很快回到神圣的空间。

练习好像是打开了一个口，接下来我们就将中道灌进去。中道不光是回转，不光是正向地接受，它还带来一种神圣的作用，就是让我们体会到身心本身就是神圣的，跟任何道场、寺庙、教堂、圣地、能量点都是一样的。我们在这身心接受一切，也只是不断地声明——有跟空是一样的。

这样，就圆满了。不再有什么是分开的，身心和一体没有分开过，始终是一个。最多是一体两面——同一件事、同一个东西的两面。

我们自然体会到什么是唯识。一切是意识的延伸，我们不需要再加个念头，不需要把这个摆开、那个摆开，也不需要通过洞察或识别知道这个不是、那个不是。练习也就转到另一个层面，知道好像样样都是。

我们看这样讲，是不是矛盾？好像推翻了过去所讲的，把“什么都不是”变成“什么都是”，而且没有什么东西不是。

练习，也就这样简化再简化，甚至没有一个练习的样子、练习的形式。我们成熟得差不多了，体会到的深度也就完全不同。

像“我－在”的呼吸，其实不需要再加一个“我－在”的练习。要练习“我－在”的呼吸，最多只是做一个提醒。我们在圆满中做

“我－在”的呼吸，本来没有吸气和吐气各要做什么的区分。可以吸气－我、吐气－在，而吐气也是我，吸气也是在。

真正的我，本来就在，从来没有不在，没有离开过真实。我们只是通过呼吸，声明自己本来就是的身份，不需要再加一个动作，做一个练习，加一点注意，或多专注一些。

我们本来就是，并不是做了一个练习、动作、专注、进入某种境界……才是。

持咒，是一样的。我们就是咒语，咒语就是我们，早就分不开。走路，也是一样的。我们本来就是，跟宇宙带来的奇迹、跟身体分不开。从每一个动作，我们都可以享受生命的奥妙，活出宇宙最深的秘密。

从运动、饮食、习惯改变……生活的每一个角落，我们都可以活在最高的境界，都带来一个回转的境界。包括一些所谓的善行，像是布施，其实我们送给别人，是在送给自己。我们帮助别人、服务别人时，是在帮助自己、服务自己。没有两样。

最多是我们理解的深度不一样了。

50　中道，让一切平等化

样样，对我们最好不要太复杂，可以极简再极简是最好。

我们将一切简化，一切都想通了，那么，这瞬间的内容、长什么样子、带来什么感受、有什么影响……对我们已经无关紧要。

无论面对什么，我们都可以回归这个最基本且不动的机制，也可以说是我们的本能、最源头的聪明。既然如此，我们还会认为有什么是不平等的吗?

甚至，连“平等”的观念可能都消失了。这样一来，我们随时都可以回归自己，不知不觉已经活在一种定。这种定，我会称为大定（*Sahaja Samadhi*）——一切都平等，没有什么区别。

中道的练习与最终的结果“定”分不开了，就像一种最佳的等化器，能将一切平等化、将样样隔阂化解。

一切平等到一个地步，可以说在生活大大小小角落，我们都是入定的。我们可能还会不知不觉发现，连睡眠都是清醒的，甚至在做梦时都会意识到这一点。

采用中道的练习，自然让我们变得清醒，即使睡着了也是清醒的，知道自己在睡。觉，在觉。

中道本身就蕴含着这样的味道。我们不断地回转、反复练习，熟练了，甚至连做梦、思考或瞬间的现象，都可以当作工具，让我们彻底回转，不知不觉清醒过来。

觉，觉察到自己。

最有趣的是，中道本身既是方法、是工具，有一个实务性的层面，但它同时也是最终的成果。在初学，我们可以称为练习；到最后，中道也就是我们的成果、我们的成就。

初学和最后，是一样的。练习和成就，也是密不可分。

我们的每一个练习，是反映我们修行走到最后可能有的声明、念头、体会、体验。通过练习，我们只是把最后的结果带到一开始，带到眼前。

既然现在的练习，跟最终的体验是相同，那为什么不做?

做到最后，练习也不再是练习了，而是变成一个提醒，提醒我们本来就知道、本来就是的。既然只是提醒，只是声明我们最终的价值、最终的信心、最终活出的生命，大可早一点把它当作一个练习。

现在就开始。

中道，不光让样样平等化，将生命简化再简化，更为我们带来一种大的整顿，一种重新开始、重新启动。我们只要这么做，也就回到一个正向、极简的轨道——不只看待事物是正向的，还能把一切看得开。

51　中道的疗愈

中道也是最伟大的疗愈师。无论是过去的创伤、心结还是过不去，中道都能最直接、最容易、最不费力、没有选择地让我们得到疗愈。

通过中道来做练习，将注意力从外在的现象回转过来，也就将任何练习转为臣服，再加上参。任何体验——眼前发生什么、经历什么、有什么……我们都可以做一个彻底的回转。彻底到底，我们突然体会到，有一个“人”在见证、在观察，通过见证和观察，我们才取得眼前的经验。

从观察的人、见证的人，我们突然可以体会到回转——把注意力从客体，回转到主体。我们的注意力本来都向外，都落在眼前的客体，却突然轻轻松松、不费力、没有选择地回转到这个在观察、在见证的主体。

这一来，很有意思。眼前的体验、这个客体，也就跟着消失自己了。它本身好像回到哪里？回到自己。

这自己是从阿赖耶或说意识海延伸，本来什么都没有，也可以说什么都有。它回转到自己，回转到一切，本来就是如来，本来就是平安，本来就是沉默，是宁静。

我们也就轻松起来，好像世界突然化掉、突然塌缩了。塌缩到哪里？塌缩到自己，回转到自己。

这自己不能说是一个点或什么，甚至连一个点都说不上，我才会用数学的奇点来表达。从它，一切可以延伸，一切可以消灭。

这时候，最多是一种——就像我常用的比喻，我们进入一个台风眼。外面狂风暴雨，但风暴的中心完全是安静，是宁静，是沉默。我们眼前、心中、左右、上下全部是沉默的，一片宁静。这种沉默，本身也可以说是欢喜、大涅槃、大宁静。

这时，我要问：我们可以忍受吗？我们可以承担吗？我们可以延续它吗？还是我们还需要通过人间的体验——做点动作、激出一点波浪、带出一点涟漪，然后又回到人间的轨道？

通过中道，在疗愈的过程有一个很明显的现象，也就是突然、根本、彻底的全面接受，什么都接纳。

一开始可能有点吃力，要将注意力从念头和现象扭转回来。但是，不断地练习，随着熟练度增加，我们开始不费力，随时可以让注意力回转，而每一个瞬间都是回转的机会。

然后我们可能会发现，突然有一天，我们本来无法接受的痛苦、窝囊、创伤、疤、结……能够被接受了。而且，这种接受是非常根本的接受，是彻彻底底接受。再也没有疑问、没有问题、没有矛盾、没有留下任何悖论。

这种接受是全面的，没有任何东西还可以留下影子，可以留下一点疑问，心里还会有一丝质疑。

这是一种干干净净的接受，赤裸裸的接受，全面的接受。

这种接受，是对生命怎么来、怎么走，对考验怎么来、怎么走的全面接受。

这种接受本身就等于欢喜、等于喜乐、等于平安、等于大爱、等于美、等于平等、等于完美。

一切都好。

人追求的最高境界、领悟、理想的行为，全都包含在这种最全面的境界、根本的接受。

不是说我们的命运会好转到哪里或变坏到哪里，转变的最多是我们接受的程度。我们终于达到一个彻底的转变，而这个接受不再只是接受外在。我们终于接受内心，并且和外在完全接轨。

内心和外在没有什么不同，外在和内心也没有什么不同，内心和全面、一体、神或主也没有什么分开或不同。这就像是一种全面的接轨，而这种根本的接受，含有如此多的意义。

练习：庆祝每一个瞬间

解脱，是最深的疗愈。

《心经》最后这句话“揭谛揭谛，波罗揭谛，波罗僧揭谛，菩提萨婆诃”，*Gate gate pāragate pārasaṃgate bodhi svāhā* —— 我们一同庆祝，庆祝本来就是解脱 —— 随时在等着我们活出来。

庆祝，我们并不是很快地跑到下一个瞬间，而是给自己一点空间来欣赏眼前的瞬间，欢喜地接受，甚至享受地接受。

我们庆祝这瞬间，欣赏它当下的呈现。这时候，我们要做肯定、感恩的功课，也可以做一种接纳 —— 对宇宙、对生命、对一切，张开双手，打开心胸，接受眼前带来的礼物，也是宇宙给我们最高的礼物。

我们把眼前的瞬间变成永恒，唯一的方法也就是回转到自己，或说臣服、把自己交给一切。这一来，怎么做都离不开中道。

只有通过中道，我们才把这瞬间带给我们的一些燃料彻彻底底烧起来。过去，烧起来的能量是往前、往外；但我们突然把这股力量回转到自己，往内回转。这瞬间变成永恒，或者说化为一个窗口、一个门户，让我们找到什么叫作永恒 —— 非时间、非空间的永恒。

我们已经跳出来，没有时–空的观念。

我们假如彻底没有时–空的观念，也就落到永恒，落到无限 —— 从知识转到智慧，从人间的互动转回到大爱，从人间的享受转成平安，从痛苦转成喜乐，甚至进入涅槃。

这是唯一的一个方法，等着我们找到它。

52　活出生命最美的部分

我们可以随时把生命最美的部分、全部的可能活出来。

这句话，看我们敢不敢相信。

我们懂得祷告，懂得交出自己，可以让生命更大的力量带我们走下去，让宇宙接手照料我们的恩典与加持。假如我们完全否定生命有更大的力量，那是非常可惜——在无明中继续坚持自己的看法，也就错过好多机会。

只因为我们对生命的本质还不相信，没办法将自己交出来，无论身心行为都还有种种阻碍，现在才有那么多的痛苦、烦恼、看不开、不舒服、过不去，而充满后悔、愤怒、不谅解。回头看自己、看这一生，总觉得该做什么却没有做到，时不时还想要弥补什么，补救什么，修正什么。

生命是想来保护我们，为我们做种种的提升和改善。但假如我们把自己封闭起来，不放开旧的能量，也没办法接受新的能量，那生命要用什么方法来帮助我们？

我们真正懂了真实，有信心、诚恳、感恩，也会充满信仰。甚至可以说，要真正走过修行的路，百分之九十以上是靠信心，或说对真实的信仰。

这条路不是靠理性和知识，毕竟这些聪明的架构不小心就会成为我们的阻碍。信仰愈大，我们的成就也跟着大，转变也更透彻、更彻底。

我们假如希望完全转到另一个层面，跟绝对接触，走到最后是靠信仰。彻底臣服，不是靠理性、不是靠逻辑、不是靠聪明，完全是靠心，而心跟信仰是同一件事。两者在同一个绝对的轨道，不是落在人间。

从我们踏上这条路的第一个动机，到最终完全被宇宙、生命、意识海吸收的那个时点，完全是靠信仰——对生命本质、对真实的信仰，我们才可以度过，才可以投入。

接下来，一路就是感恩，感恩到底。感恩、接纳、肯定，心胸打开，心灵圣约谈的感恩、忏悔、祈望、反馈也就很容易了，我们从下一个瞬间就可以着手。把我们一生的习惯改过来，比我们想象的简单更简单。

这一路，我认为最重要的还是接受生命更大的力量。诚恳的祈祷是非常重要，只要有决心，祈望这一生做一个彻彻底底的改变，就都可以做到。

53 空和满，完全是一样的

这些观念，我舍不得不重复再重复，总是试着换一个角度，希望能够让大家听懂。

毕竟，中道的道理，如果懂了，对我们流浪在人间追求真实的旅程，可以省下不晓得多少时间。省下的，还不一定只是这一辈子。即使一生就这么过去，至少在潜意识播下一个种子，等待我们有一天成熟。

我从很年轻的时候，被人问到这一生来做什么，我都很爽快地回答——是来接待弥勒佛、欢迎基督，为这么重要的圣人铺好红地毯，欢迎他们来到人间。我对大圣人有最高的信心。山也许会崩，海可能会干，就算海啸地震抹掉这世界，连地球都消失，都不会撼动我对他们的信心。

我从个人的亲身体验，可以完全验证他们所讲的妙胜智——包括六祖的《坛经》，以及拉玛那·马哈希和多少大圣人留下来的话和境界——都是真的。就连现代的科学，也没有离开大圣人最微妙的表达。

我们可能都看过一些图片，将一根头发不断地放大，放大到了原子的层面，再继续放大到比原子还小的微粒子，接着还可以继续放大。放大到最后，会发现都是空，是任何仪器、设备都捕捉不到东西的空。然而科学家不得不承认，是从这个“空”，生出了一切的“有”。

“空”有双重的意思。我们一般认为的“空”并没有完全掌握到“空”。

人间是二元式的逻辑组合的，是通过对立和比较才建立世界的印象。我们一般把“没有”当作“空”，而认为和它相对的观念是“有”，好像什么都没有就是空。这是人间一般的观念，停留在五官和头脑的范围里来定义什么是空。

但“空”又同时蕴含全部的可能，只是五官、仪器、头脑捕捉不来才说是无色无形，而这全部的可能是永恒而无限大，那么这种“空”跟圆满的“满”有什么不同？是我们头脑还没有打开，还没有接受全部的可能，还没有看到，才把它当作是空。

我会用“满”来表达这里所讲的“空”。空和满，是一样的意思。是通过这个角度，我们终于可以整合这两个观念，甚至让我们进一步了解 —— 这一生，可以讲、可以想、用感受体会得来的观念，都还是相对的境界，都是通过二元式的逻辑得到的限制。

前面提过，《心经》从《大般若经》浓缩出来，用 260 个字将空性的智慧表达得非常清楚。释迦牟尼用五蕴将我们在人间通过业力运作的机制再归纳成五大类 —— 色、受、想、行、识。我在这里用另一个方法再切入一次。

色，就是有形有相，或说有色有形，它也含着觉察，是通过五官的知觉才会有色、有形状；有身心，我们有种种的感受；再通过脑海的想，用观念组合感官和身心得到的印象，我们描述整个世界。这一切，对我们有出发点、有结束，也就是有生有死的动机和意念，这是行。然后我们最多做一点整合，才有人间的意识。

这样的归纳相当精辟，将人一生可能经历、想象、体会的归纳出五个机制。我过去也用另一个角度来表达 —— 通过觉察、感受和念头化出这有色有形的世界。这跟释迦牟尼用色、受、想、行、识表达的，有什么不一样？

但《心经》更不可思议地将五个机制进一步拆开来谈，色本身就是空，空本身就是色，色跟空从来没有分手过，两面一体。走到最后，我们到意识的门户，会发现连这意识都是空的。《心经》还说受、想、行、识，也是一样的。

满和空是一样的，空也是色，而本体完全没有跟现象的世界分开过。

一个人成熟，脑海完全打开，也只是充分而全面体会到这一点。《坛经》有六祖顿悟的经过，他遇到五祖，体会到空，一个念头都没有，完全是一片空、一片宁静，无色无形爆发开来。没多久，他发现这种空跟圆满是一致的，随时可以从有、从万物延伸，本体和现象完全是几面一体。从空，可以延伸有。从有，可以随时找到空。那时候，他整个脑海打开，彻彻底底顿悟了。就好像这一生的任务完成了，没再留下什么没有完成的任务，一切的矛盾已经解答，已经圆满。

他完全被生命的绝对、意识海、一体吸收、吞掉，把还剩下一点的相对完全化解、解散。接下来，他想做什么，就做什么，也就带出禅的大法门，当时影响到成千上万的人。持续到一千多年后，现代人还在谈什么是禅。

人类愈发达，禅宗这一套学问跟我们会有更密切的关系。甚至千万年后，《坛经》表达的领悟、成就与智慧还是会存在，而且会愈来愈重要。它本身跟唯识也分不开。后来的圣人，包括拉玛那·马哈希所表达的，最多是站的角度、个人体验的经过不同，但走到最后，结论可以说是几乎一样。

54 真实，不需要避开人间

中道或说友善的中立性，是一切的共同点。对我来说，都可以通过弥勒佛–基督的妙胜智，也就是唯识来归纳、来汇总。

唯识，意识为主。一切都是意识，永远离不开意识。这个全面的意识，也就是唯一的共同的意识，可以用“空”来表达。只是就像前面提到的，人从脑海的局限出发，会以为“空”就是什么都没有的虚无，而让有些人联想到消失或死亡，也就带着一种负面的味道。

这一点其实是非常大的误会，甚至让许多人认为佛教或修行是虚无的人生观。我也很少用“空”这类的词汇，而更常用“满”“圆满”“意识”来表达。最多是在谈意识时，用“唯一的共同的意识”稍微和“脑海个别化的意识”做一点区分。这唯一的一个意识，除了用“空”来表达，也可以说是意识海或阿赖耶。它包括一切，也包括我们人间的意识，包括五蕴。

我还记得二十多年前刚回到亚洲，听人辩论什么是空，或争辩佛教在教什么。通常听几段，就知道辩论的朋友并没有真正贯通，才会有那么多观念要谈、要争论。当然，听他们表达，我也体会到一般人谈修行很容易落入一种错觉，也就是认为修行是避开人间，去追求另一个更高或更清净的境界。有些人会认为要从地球上升到天堂，有些人反过来是要让天堂落在地球。无论是哪一个方向，多少都带着一种不踏实的味道，不能踏踏实实落在地球，接受人间。

这种倾向，我从年轻时就注意到。几十年观察下来，几乎都是如此。有些人要舍离一切，找一个山洞，跑到印度、喜马拉雅山或哪个神圣的地点，远离人间的责任，闭关愈久愈好，好像这样才算完成这一生修行的责任或功德。有些朋友对世俗的事务不感兴趣，将时间和精神投入心灵的理论，也许是唯识或某一部经、某一套观点，而对人间的一切用很高的标准来看待。我们跟他们互动，很快就会发现他们对人对事总是愤愤不平，不能谅解，甚至还有伤害或报复的念头。

但坦白说，我们抱着嫌弃世俗的心态修行，有什么用？人类追求完美的理想从来没有少过，光是在地球，战争就没有停过，更别说人跟人的争执和纠纷也不会停止。难道我们到另一个境界、另一个银河系就可以找到平安吗？从碳基生物变成硅基生物，内心的斗争就能止息？如果在地球、在人间找不到平安，到另一个世界或天堂修行就能找到？这种心态，我认为是最不可思议，是最危险的。为什么不能老老实实面对人间、面对每一个瞬间？

我曾经提过一个比喻 —— 脑落到心 —— 把我们头脑的意识、人间的意识，踏实落在肉体，达到一种合一与整合。

我们的头脑活在一种虚拟的境界，却想指挥身体怎么活、怎么做，完全不在意身体本来有自己运作的机制和架构，这样怎么能够健康？怎么可能均衡？怎么让生理的条件最佳化？

这是不可能的。

几十年来，我不断陪着大家从身体的练习、从健康、从人间的动态着手，而这种做法和一般人的理解恰巧是颠倒的。

首先，没有一个东西独立于我们的生命之外，可以叫作修行。

修行，是从我们生活的点点滴滴 —— 从早上起床，到晚上睡觉，通过每一个念头、每一个动作、每一个行为进行。从这种角度切入，修行最多是在建立一个新的回路，让我们可以重新开始。

从哪里重新开始？我们可以采用古人最有风度、最有爱心、最优雅的观念，当作我们新的正常，而从每一个动作、每一个念头来着手。

这样子，我们跟世界分不开了。我们本来就不需要分开，完全可以踏踏实实落在地球，不光落到时－空 4D 或 3D 的架构，还可以简化再简化，落到更低的 2D、1D，甚至落到奇点，也就是一切还没有出发、还没有延伸的点。从头到尾，完全跟地球合一，合一到底。没有地方可以跑，没有地方可以躲。我们只是老老实实面对它。

面对，通过什么面对？是通过臣服，通过参，通过中道。

我们懂了，也就是完全回转，臣服到一切。在同样的环境，活出不同的现实。在同一个时－空，却好像跟 99.99999% 的人活在不同的世界、不同的频率，延伸出不同的后果。

我们随时快乐地臣服，不知不觉发现样样都顺。一般人觉得样样都不顺、样样都充满怨气、样样都带来刺激、样样都是别人的错。但对我们样样都变成一个工具，都变成一个门户。困难，也就是一种燃料，将注意推回到自己。

用这种简单的方法，我们会发现本来地球、人间、别人、自己好像是各走各的，现在合一了。本来好像有很大的隔阂，现在我们发现怎么做都是为了自己——修行，是为了自己；做个好人、友善的人，还是为了自己。但“自己”已经包括一切。

全部的现象是从我们的心延伸出来，怎么可能不是自己？那么，我们还可能去伤害谁吗？伤害的，还是自己。我们选择做一个好人，不是为了别人，是为了自己。

这样子，我们会发现一切是几面一体。这一生的问题，这一生的任务，好像都告了一个段落。这一生想完成的，我们轻轻松松达到，把它结束了。这时，我们还需要做什么去影响别人、去影响世界吗？

我们该做什么，就会做什么，而都会符合最理想的行为，也就是波罗蜜。能得到收获或帮助的人，自己会来找我们，而不是我们去找。

心中有道德，说和做都离不开真实。我们谁不想做一个好人、友善的人、忠厚的人？我们会发现，这早已是我们新的正常，是我们的本质。

现在我们回头看一般所说的修行，是不是反而好像绕了一大圈？

空就是满，就是有；而有、满也是空 —— 两者分不开的。脑海二元式的逻辑会把空当作没有，但这种解释是行不通的，或者说没有抓到重点。

现在，我们有一个新的解释、新的领悟，对世界的看法可能完全不一样。

抱着这种领悟，我们重生，重新再来。

练习：你可以承担吗？

追求真实的路上，不光坏事可能让我们分神，不断反弹，而把自己愈带愈远。喜事也是一样的，可能让我们觉得不用再走修行的路，可以把中道、唯识、妙胜智都摆在一边，赶快回到人间，完成人生未完成的梦想，把过去错过的进度补上。

好事，坏事，说到底都是一样的，可能把我们带走，但也是我们练习中道最好的机会。

每天我们可能都在期待某种好消息，也许是顺利搭上车，也许是得到一份好工作、加薪、升职、买到喜欢的东西、自己欣赏的人物得到好的机会、认同的理念获得大众的支持、健康指数有了改善、孩子突然听话、另一半开始关心我们、难得的度假机会、静坐出现好的境界、梦到神佛天使来加持……围绕着心里的期待，我们自然会有种种安排、评估、规划……还有种种的心情。

有了好消息，我们可以单单纯纯地承担吗？可以在这个瞬间全部承担起来，不把激动、兴奋、庆祝……留到下一个瞬间，成为下一个瞬间的负担吗？

试试看，遇到好事，只是跟自己说：“很好，可以承担吗？”

这样，就够了。

55 是落到这里现在，不是上升到哪里

虽然一再重复，但这一点可能是最难懂的。

我们采用中道，不断回转到自己，回转到心，会突然发现，回转到心，等于承认一切是平等的。包括肉体、情绪体、思考体……全部是同一个体，不是分开的。

在修行或追求心灵的圈子，我们常听到这样的比喻，认为要把身心、头脑摆到一旁，这样一体才可以进来、可以占领、可以贯通。我也用过类似的比喻，而这种比喻听起来就像在表达人间、身心与真实是分开甚至是相互排斥的。但我们走到最后会发现，这种分别、隔阂或互斥还是头脑的观念。

就算我们要表达身心灵是三面一体，会分成三面来谈，还是头脑的产物。既然本来只有一体，而是唯一而且共同的意识，哪有另一个体好谈？哪里可以有别的体与它相提并论？会有一个分开的概念，是头脑不断地作用。

我们懂了，就会发现没有什么境界可以去。新时代会说要上升、扬升、升华，好像要把我们本来很粗糙、很重的体变得愈微细、愈轻愈好。但真要勉强说，修行是下降、降落或说具体活到身体里。

是一体、心灵、心落到 3D 来跟我们合一，完全活到我们的身体里。或者说，在这个肉体，我们完全活出它，活出一切。

我在《全部的你》曾经用图画来表达，人是多层面的组合，有身体、情绪体、思考体……而到最后，是心灵从上往下进入身体，跟我

们全部合一。

这个比喻，也是表达同样的观念。

我们通过中道，慢慢体会到一切老早就是，甚至没有什么上升或下降好谈。既然我们有身体，当然就从这身体着手，而踏实落在身体，落在身心。

这观念表面上很容易懂，但是从我过去的观察，只有少之又少的人真正理解。而且就算懂，他可能还是没办法活出这些领悟，还是活在隔阂里。即使已经是修行的老师，遇到事情还是会紧张，会当作一回事，还是有分离的作用。隔阂、分离的观念几乎无所不在，没多久就让我们自己回到人间。

换个方式来说，就像我们理所当然用身心灵这个词，好像可以把存在分成三个体，而且认定这就是真的，而修行要从这三个层面来着手。我们遇到事情也会期待什么是比较理想的结果，就好像理想和不理想是两个不同的世界，而不同的走向会带来严重的后果。

我才会说，这道理表面上很容易懂，但是非常难执行。执行，也就是声明这个领悟，并且活出这个领悟。

我们不断回转到自己，发现样样都是一个大幻觉，连这里在讲的这些方法，都有点多余。虽然说是大幻觉，我们还是带着随伴业、肉体来这一生的。既然如此，我们也不需要把肉体丢掉，不需要欺负它、让它痛苦、让它吃亏。对这一生、对身心，我们也可以照顾它，也可以让它不要走冤枉路。我们大可爱护它，爱护它也是爱护自己。

一切都是一样的，我们对别人好、服务别人是为了真正的自己。反过来，我们对身体好也是为了自己。假如我们不爱护这个肉体，那么谁会爱惜它？

我们迟早会发现，没有什么苦修或苦行好谈的。这些完全是过去我们因为不懂，还期待得到什么、想找到一种不同于人间的境界，而以为必须把身体的需要压下来。

坦白说，就连我过去会说把身体摆到一旁、把身心的障碍摆开，也只是一种比喻。哪有什么可以搁到旁边的？一切本来是合一，本来是一个，只有一个。会有不同层面、不同体的说法，只是在过程中我们还需要而有的比喻。到最后，我们贯通了，会发现原来这不过是在哄自己——哄着自己一路走到这里。

本来我们身心充满了抵抗和反弹，但突然脑海有了一个突破，懂了什么叫作心灵、什么是唯识，也就把原本肉体为主的注意摆到更微细的地方。这一来，也就有了上升或神性的观念。我们以为自己的修行有进展，但一切仍然落在局限和对比的路径，没有真正无限过。

一切都是颠倒的。

既然如此，古人为什么又用各式各样正向的语言，例如爱、光、智慧、喜乐、平安、圆满、完美、涅槃来表达领悟、一体或绝对的境界？这世界既然有苦有乐，只从意识谱选择正向的部分来代表真实，这样的真实还称得上是完整吗？

绝对的观念确实没有什么语言可以表达，用爱、光、智慧、圆满……最多是借用在相对世界比较接近一点的比喻来描述，但严格讲，再怎么美的名词也没办法代表它。

这种比喻、描述或形容，还是受限于我们身心的架构。

我也用短路的比喻提过，是无限大的能量通过我们的身心带来一些体验，而这些体验最多是一点摩擦、一点残余的业力，就像无限大的电流通过电路，还有一些残余的阻碍，也就烧过去产生光、产生热。

再换个角度来说，就好像我们身心的架构“绑架”了这些境界，在将通未通之际，让我们通过身心体验到了一点，而在身心会留下一些印象、一些脚印。

我们体会到的，是这些残余，是对这些印象事后的回想。无限的境界，我们不晓得能用什么方法表达。最多借用人间爱、平安、快乐、圆满的印象来表达原本没办法描述的。

使徒保罗在《新约》提到出人意料、超越理解的平安。尽管这种境界明明是人间找不到的，但他还是用了这两个字——平安，最多是加上一点描述，表明这种平安是世界没办法理解的。也就是说，身心没有语言可以表达，如果必须表达什么，也就只好借用这些词。

我们随时往内投入、往内转，会发现连这些境界都还是头脑的运作，走到最后会发现一片宁静，没有波浪。一切是平等的，身心灵从来没有分离过。

这时，要用什么语言去表达一个合一的体验？

当然反过来说，合一与一体的体验也可以从各式各样的角度、通过各个身体的部位来自由表达。

最多表达什么？

也就是一种舒畅、舒服、安静、安全感、圆满。

我们本来就活在身体，只是随着脑海的境界愈来愈发达，注意落不回身体，而都在一个虚的境界忙碌，甚至在虚的境界里修行，想在虚的境界得到成就。就这样，我们还需要做一点练习，教自己回到身体。

再加上现代社会的快步调，让许多朋友不知道什么是休息。只要有一点时间上的空当，就拿来刷手机、闲聊、追剧或接收信息，继续填满脑海的空间。这么做，完全得不到休息的舒畅感。

我们都在虚拟的境界思考，心都不在这里。于是，怎么给自己休息，随时把自己的神圣空间找回来，这比什么都重要。只有这样，我们才会发现，自己随时在投射着小我，在看着世界找东西，想知道更多，想与别人互动。这本身也是一种习气。

这一点，首先要自己体会。当然，这与个人的成熟度也有密切的关系。一个人成熟了，知道样样都可以让步，样样都可以放过，不用再加上一个头去干涉什么。

我们都可以试试看，要休息时，给自己一点时间，也许静静坐着，别人看起来像发呆，不知不觉也许会开始打瞌睡。这时候，我们可以做舌抵上颚、谐振式呼吸、数息、观息……也可以一起做身体扫描，让注意从头顶到脚底，踏踏实实落到身体。

这个练习非常简单，只是把注意力一次摆到身体的一个部位，注意到它，然后放松它：

头顶放松。

额头放松。

眼睛放松。

脸放松。

耳朵放松。

下巴放松。

想到每一个角落，都可以放松。

脖子放松。

肩膀放松。

胸部放松。

手放松。

手肘放松。

手腕放松。

手指头放松。

肚子放松。

胃放松。

肠子放松。

肝脏放松。

骨盆也可以放松。

臀部放松。

大腿放松。

小腿放松。

脚踝放松。

脚跟放松。

脚趾头放松。

脚底板放松。

全身放松。

把步调放慢，让注意力一一停留在每一个部位，而不是很快滑过去。从头顶到脚底板全部都放松，当作一轮。一轮结束，可以从头再来一次，让注意力在每个部位停留，把它放松。

放松，放松到底，我们连脑海也跟着放松。一些长期疲劳的朋友（现代人大多数都是如此）可能不知不觉就睡着了。这种扫描全身的放松，刚好是很好的补气的方法。

熟练了，身心愈来愈一致，消耗能量的摩擦愈来愈少。我们完全可以清清楚楚地放松注意，轻轻松松落在身体，体会身体动或不动，体会内心动或不动。

这也就是随息，是没有方法的方法。

56 弥合不一致

最早，想、讲跟做是一致的，只是多面一体，在不同层面展现。

人类愈发达，原本一致的也就分裂了。想、讲、做，变得不一致，对我们的状态造出各种失衡。表面看来比较聪明有效率，可以各做各的，争取时间和突破的机会。但这种不一致，偏离了我们生命的本质，也就带来一种心理和认知的失调。现代人随时都有一种说不清的窝囊、不安全感，是这样子来的——想的，跟说的不一致，跟行动不一致。

包括修行，我们也好像认为要分好几个层面、好几个阶段来进行，这一方面是反映了我们对这种不一致习以为常，另一方面也是这种不一致非常强烈，只能一点一滴去弥平，甚至即使理论懂了，也很难一步跨过这种不一致、这种隔阂与分离。

我会带出许多练习，也就是配合我们目前的状态，从不同的层面来克服。随着我们愈来愈成熟，也就可以摆开这种分离的假设，从合一来着手。

我前面用根本的、源头的聪明，来表达这种可以带动一切的本质或说本能。站到源头，我们看、了解、行动……眼前的动态、现象、变化也不再影响我们。我们可以完全把注意力跟这种最根本的本能合一。

这个源头、本质、本能，我们随时可以体验到它，但是这种体验、直觉、灵感跟一般的体验一点关系都没有。

这种体验不是现象，我们没办法用感官、念头、感受来体会它，甚至连说直觉到它、感应到它，都是很勉强。

走到最后，我们最多知道什么不是 —— 样样都不是，可以表达的都不是，而它就是。它跟我们亲密到一个地步，连一张纸都没法夹在中间，一点缝都找不到。

我们就是它。

它圆满，我们也圆满。它完美，我们也完美。它无所不在，我们也无所不在。哪里都在，哪里都不在。它无所不能，我们也一样无所不能。全部的可能性，都可以活出来。

它无所不知，我们也一样无所不知。一般的知识，我们一点兴趣都没有。我们就是一个大的智慧，而智慧包括一切的知识。我们看人间，充满着知识。知识来来去去，我们什么真实也学不到。这一生，我们流浪那么久，甚至不只这一生，又学到了什么？

全部学到的只是知识，而且是没有用的知识。换一个年代，换一个时–空，换一个层面，全部一点用都没有，只是带来限制。

但我们什么都没有做，已经是它。

我们充分知道，所谓的净化、走出制约，最多只是像剥洋葱一样的，一层一层剥开，到最后，发现什么都没有。

只是，净化、简化的过程通常不是直线性的，不是从“有”一路直通到“没有”。大多数人体会到的，比较像我们过去讲的好转反应，会有一波又一波的反复起伏 —— 人间的印象、过去的难过、悲伤、痛苦不会马上完全消失，还会再次浮出来。差别只是一开始也许像海啸那么大，下一波可能弱一些。一波又一波，到后来变成一个小涟漪，甚至比涟漪还小，只是微微的起伏。

早晚，它回归平静，不再有什么浮动、有什么地方值得注意。

简化再简化，到最后剩下的，用人间的表达就是真善美。我们也只是做一个好人、友善的人、真实的人，全部讲的都是实话，从里到外都一致。

是的，社会、世界样样都在争取我们的注意。但我们一点兴趣都没有，可以停留在自己的中心。对样样都可以接受，可以接纳，可以肯定，可以随时感恩。

我们用中道、友善的中立性，给自己一点空当，慢慢体会到存在、“在”始终在心中，和我们做什么、怎么做，没有什么关系。我们可以一步一步进行，一段一段去体验，去剥这个洋葱；或是也可以直接跳过，直接跳回到家。都可以。

练习：觉的瑜伽，开始一天

我很早就通过每年一两个月的共修，带大家进行“Yoga of Presence”“在的瑜伽”。在的瑜伽有一种做法，我有时候也称为“觉的瑜伽”或是“Aware of the Awareness.”“觉，觉察到自己”“觉察到觉”“觉的练习”“觉，为了觉”。这其实也是一种随息的练习，一种没有方法的方法——一切随生命，随自然。

要做觉的瑜伽，其实也只是延续我们休息了一整晚刚醒的状态，注意力不急着往外冲，而是好像退几步——好像知道、好像不知道，好像有体会又不清楚在体会什么，有些朦朦胧胧，舒服自在。接下来有什么、延伸出什么念想、气有没有在动……全部都不去管。

一早醒来，一起来体会。

什么念头来，就让它来。

它想走，就让它走。

看这时候我们还会不会想去捕捉，要抓点东西，好像还有什么东西舍不得，非要取回来。

还是可以放下来，干干净净的。

我们可以享受这瞬间，什么都没有做，这享受才是真的，喜悦会浮出来。

最多我们舌抵上颚。

就这样子，好像对一切都懒，懒得想去知道。

觉，懒得觉察到什么。

观，懒得观察到什么。

想，懒得去想什么。

在，懒得在哪里。

全部，我们都可以交出来。

我们充满信心，清清楚楚知道全部都不重要。

从我们本能发出的一切作用，都不重要。

我们都可以臣服，任何一个动机我们慢慢都可以看到，因为它不重要。

我们一路滑回到家，滑回到意识的门口，滑回到奇点，还没有变成点的奇点，一切的奇点。

我们只是停留在这样一个很根本的状态，相对意识跟绝对意识的交会点、门户，也就是我常讲的大我。

说退几步，也就是退到自己，退到还没有往外延伸的大我，轻松舒服地停留在这里。

这里，或说这一点、大我，我们随时都有，最多是我们的注意力都摆在外头，而把这个随时都有、随时都在的自己给忽略了。

“在的瑜伽”，可以加入一个瑜伽的姿势或生活里的动作来进行。无论哪一种做法，都是采用中道，用友善的中立性面对眼前的体和动态，完全接受、接纳、包容、肯定。站在中道，我们滑回整体，看这身体有一个姿势、有一种动态。

我们可以先从比较单纯的动作开始，例如桥式、前弯、还原六法第四式这类瑜伽的姿势。这些姿势本身对我们身体的调整，也很有帮助。

先重复几次，让我们熟练姿势或动作，接下来带入一个整体的意念，也就是这动作不光是头脑在指挥着身体去做，而是好像每个层面包括身体、情绪体、感受体、光体、能量体、呼吸体——全部一起进行，一起体会。

是整体在带动我们，倒不是我们局限的念头和身体在主导。

说整体，好像是在我们之外，但其实不是。我们并不是去找一个比较大或比较高的整体来看自己做瑜伽。刚好相反，我们只是落回本能，滑到整体。

怎么做？也只是无论眼前有什么现象，我们都可以肯定，可以接受，也就滑到另一个层面，另一个平台。

不断这样做，我们会发现“觉”没有离开过，没有消失过。

在这觉的本能，觉的场，我们发现有一个谁、有一个姿势、有某一个肉体的展现。这样子，我们已经站在整体看。这么简单，就可以活出中道。

这种“在的瑜伽”是一个人比较成熟，突然有一种觉醒的经验，发现这世界完全好像化解掉了，再回到肉体后会有的体会。

就好像对他，个体的重要性消失了。是整体带着他回到身体，培训他从不同的角度看世界、看自己、看每个动作，打开过去的受限，自然落到一个更广、更大、更完整的层面。

这样的练习，比较成熟的朋友可能可以投入。但我也发现，如果我们对世界、对头脑、对个体性还抓得比较紧，还没有准备好，做的时候自然会觉得勉强，也容易质疑，提不起劲去进行。

这时，也就回到呼吸、静坐、持咒、感恩……这些比较具体的练习，让身心抓得很紧的部分放松下来。熟练了，可以随时建立一个神圣的空间，把基础打稳，可以诚恳、舒畅而有安全感。不知不觉，我们已经准备好，可以试着换一个前提来练习 —— 从个体移动到整体。

——

练习：动或不动，都让整体带着

在生活中，在忙碌中，跟人对话，处理事，还有一个东西是不动的，而我们可以随时站在这个没有动的地方。

一个姿势，一个动作，跟我们的真实没有冲突。

我们可以选一个喜欢的姿势，坐着、站着或是躺着都可以。往左看，往右看，稍微手动一下或抬起来。没有非得怎样不可。

随息，也可以说就是一起发呆。一样地，坐着、躺着、站着……任何姿势都可以，跟姿势没有关系。只是自在，在哪里不重要，最多就是一种觉的感受。

觉，不是觉察到什么。

我们还有什么东西需要去捕捉，还放不过？我们这一生，还有什么任务需要去完成？或是还有什么人、什么东西、什么事情比这个瞬间更重要、更让我们喜悦、更让我们欢喜？

还有什么东西呢？

我们只是全部投入眼前这个瞬间，不是通过做什么，也不是通过怎么动，只是轻轻松松自在。

意识想膨胀，就让它膨胀。

样样都是头脑投射的，样样都可以放过。

重点不在眼前任何的发生、气的变化。

任何现象，都不是。

任何现象，我们都可以放过。

我们还没来这一生，或是这个身体走掉了，这个觉，还在。

真实、觉、在、本质……跟我们在人间怎么去解释、归纳、描述，一点关系都没有，跟我们二元式的语言、念头、逻辑没有关系。

这个说不上是练习的练习，我们随时都可以做。一开始，可以找一个假日，轻轻松松地，我们维持这种心情，选一个动作，慢慢地、一步一步做，愈慢愈好。

就是手脚在动，还是维持这种领悟。除了知、在、觉，一切跟我们不相关。

动，为了动。

跟头脑没有关系，看可不可以完全让头脑放过，完全让心带着走。

我们停留在眼前的姿势，这时候还可以维持这个觉，可以放过一切。

意识想膨胀，就让它膨胀。

至于我们在哪个角度看自己、做这个姿势、停留在哪个姿势……都无所谓吧？

有跟整体分开过吗？

觉，或是在的领悟会死掉吗？会因为有动作，就消失吗？

还是我们可以轻轻松松看着它，定在它？

外头的变化，还会把我们从觉带走吗？还是我们可以从心、好像好遥远的心面对变化，看着我们自己在做这瑜伽的姿势？

觉，心中的觉，我们认为在哪里？可能在别的地方吗？

我们还需要用功、认真，去找到它吗？

还是我们就是我们在找的？

我们就是它。

57　不费力，没有选择

这一来，不费力，没有选择，我们已经放过一切。

我们还剩下什么舍不得放下？还是最多停留在意识的源头休息，活出生命的本能，而本能最多就是沉默——没有选择，不费力的沉默。

沉默含着一切生命的本能。就像一只狮子根本不用吼，轻轻松松的，自在就够了。我们最多只是自在，不通过语言，不通过想，不需要什么动，早已活出生命的能量、活力与真善美。

无论我们用什么话、什么名称、什么词汇来表达，是随息，是觉，或是在，都是一样的。随息就是觉，随息就是在的瑜伽。我们轻轻松松存在，也就完全享受沉默，活出见证者的角色。

通过这种沉默，通过这种接纳的态度，小我自然消失，性格的问题、人间的摩擦也跟着消失了。我们懂得随时通过在，回到在，联结到一个很稳重的神圣空间。

通过沉默，我们已经在表达慈悲，有耐心同情对方的痛苦。这样子，我们不光把周边的气氛做一个变更，连自己也大幅度改了。甚至，过去的命运可能推翻了。好像从多个层面，同时重新开始。

就这么简单，我们就跳出了人间种种的陷阱。

生命的本质，不是靠动态、作为、表达而有的。我们一般人全部是靠动，一秒钟都静不下来。话讲不完，头脑也动不完，连手脚都要动。

我们真正要停留在“在”，根本不是通过动。“在”或存在，是一种轻轻松松、自在的观念，是从心里面浮出来的。然而，我们通过动也可以体会。无论动或不动，存在都在。

通过各式各样的练习、反思、观想……各种方法和工具，也不过就是为了让我们回到在的心境。走到最后我们会发现，并不是说完全不动才可以体会。我们动或不动都可以体会到。只是，刚开始从不动、静态去体会，会比较容易。

所以才会有那么多的静坐，或是躺着发呆，让我们在安静的时候，看可不可以体会到，再慢慢带到生活中。就是我们处理事、走路、跟别人讲话……它都还存在。

这时候，我们稍微安静，通过沉默去体会它就在眼前、在心中，也就随时把它找回来了。我们一天 24 小时，一个星期 7 天，随时随地都可以体会到它。

甚至连睡觉的时候，都可以体会到。

当然，这要靠我们自己的成熟度，或者说个人转化到什么地步，最多就这样子。

练习：你可以承担吗？

通过中道，我们完全转回到自己，内心没有波浪，非常安静。

这种安静，别人可能觉得是无聊。甚至有时候我们过去的制约浮出来，也可能会让我们这么认为，而忍不住做点什么来打断，或是把宁静、内心的空间给看轻，认为不重要，浪费时间。

这种完全的沉默、没有事的宁静，你可以承担吗？

58 没有什么成就可谈，只是真实暂时留下的脚印

一般人常有的一种误解是，把醒觉当作一种“别的状态”“特殊的状态”“不同的状态”，或认为醒觉后会有一个全新的自己，和原本的自己不一样。

不是的，醒过来，也只是整体很轻松留了一个脚印，落在我们的身心。如果醒觉是一个本来没有的状态，我们也不可能醒觉。

我会这么表达 —— 小我净化再净化，臣服再臣服，参到最后几乎透明了，剩不了多少东西，最多变成一个空的容器，让宇宙来贯通我们，并不是我们还要去取得别的什么、达到原本不属于我们的什么。

这和一般的观念完全颠倒 —— 不是我们可以醒过来，这身心是醒不过来、觉醒不来、开悟不了的。我们能“做”的，最多是让自己透明得差不多、净化得差不多，心里的障碍差不多消失，于是宇宙得到一个空间来带我们回家，来灌顶我们，恩典我们，让我们定到自己。

从身心的层面，整体、宇宙、无限大的能量突然贯通我们这有限的体，是可能体会到一些好像过去没有的现象。就像电路瞬间没有阻碍，使电压带来的电流接近无限大，流过去就造出了短路，让线路发热、冒出火花，甚至整组设备烧掉。

无限大的能量贯通我们，多少会在身心留下一点印象，这时候看世界，也自然带着整体留下来的一些印象。

整体留下来的印象，也就是古人的一些境界、状态、重视的价值，

比如说菩萨道的波罗蜜、友善、风度、优雅、忠厚……我们通过整体的基础看世界，无形中带着一点友善、正向的味道，也就是我们不断用中道、友善的中立性来进行的。面对眼前的一切，我们接纳、欢迎、不断感恩、不断跟宇宙讲“Yes!”“是”、全部都可以接受。真善美，也就是这个意思。

我们用这样的态度来面对眼前的瞬间，整体已经在心中，带着我们在运作。

59　真心的原谅，彻底的救赎

如果过去的人生遭遇到伤害、蒙受损失，而在身心留下强烈的创伤，中道也许是一个最容易、最彻底、最透彻的方式，让我们可以走出失落和痛苦。

我们或多或少都可能在某些方面受到伤害，程度有大有小。我遇过许多朋友，包括身边的一些人，他们认为自己可能在某个层面失败，而希望能有另一个机会平反，最好能得到一个赎罪的机会，让自己能修正过去、补偿某人、弥补内心的不安，重新得到清白，不再有遗憾。

这种求得原谅和救赎的渴望，并不是宗教风格浓厚的时代才有。坦白说，现代人这方面的需求更为强烈。现代社会的对立、舆论风向不断的变化，让我们很容易抱着某个偏激的主张，做出日后可能懊恼的反应或表达。外在环境很快会变，可是许多人再也回不到往日的平安，而想从外在做更多、想去弥补、想去赎清过去的错误。

尤其在这段时间，我们所经历的是充满了分裂和二元对立、高度两极化的时代。从政治、意识形态、社会的价值观来看，这么激烈而广泛的对峙是人类历史没有过的。全球都有这样的情况，就连生活在同一个家庭的人都可能有很不同的看法。

尤其社交媒体带来的方便性，让我们完全可以自己选择新闻来源。于是我们明知它偏向左派、右派、保守派或是自由派，但为了减少内心的冲突，可能宁愿选择符合偏好的观点，不想多了解其他立场的想法。

以前我们多少还是会多听多看，媒体也会做点平衡报道，保有一定的中立性。现在，在追求流量、观看数、分享数的年代，没有这种中立的空间了。保守派会变得更加保守，而站在对立立场的族群则会认定保守派完全不可取，彼此都把对方当作不可理解的恶人。

这种把彼此当作妖魔的倾向，只会愈来愈明显。到头来，完全不想保留一点空间给与自己立场、想法不同的人。

我们选择的信息会强化自身的偏见，到一个地步，我们会觉得虽然在同一个实体的地球生活，却好像活在两个世界，两个不同的频率，两个不同的境界，两个不同的现实。我过去常用地球 1、地球 2 的比喻来谈，但这不是未来才会浮现的趋势，而是老早已经发生了。甚至这地球还会更加撕裂，用多重的平行宇宙来比喻，都不为过。

在这种巨大的改变下，我们很难保证自己的一切作为都符合理想，甚至可能现在就发现很不妥当。这一来，我们会不断地后悔、不断地哀叹，希望得到救赎，把过去的一些错误改正过来。

我过去几十年来，体会到中道是最直接也最快速的方式——帮助我们面对眼前和心中的现象，无论是什么，我们都接纳。心痛、后悔、愤怒……一切变成一个回转的工具。

痛苦愈大，转变速度和力量反而也会加大。如果我们不放弃，持续走下去，不仅可以走出过去的状况，还能缓和自身的痛苦。不知不觉，不仅失眠、噩梦不再发生，过去的自责和懊恼也不再随时在心里冒泡，发出刺骨的痛。

我们走出来，也会发现自己不光能原谅别人，还能原谅自己，发现自己没有那么糟糕。哀叹、罪孽、弥补、赎罪……这些沉重的观念慢慢会消失。

最终，我们会发现没有谁真的错了，没有什么事非得怎么样不可，过去也没有犯多大的错。只是我们受到二元对立的影响，承受不了而自然有一种反弹、有过度激烈的反应，以为这样可以保护自己。但这种保护只是一时，最终受到影响的还是我们自己。

我们经历了这些，也不会再那么偏激，不那么容易落入左派、右派或任何激烈的立场。我们更知道要就事论事，要看每个个案的具体情况来处理、来看、来判断，而不是非得怎样不可。

我们不会用某个立场来过滤一切。我们的世界观、对自己和别人的看法，反而变得中立起来。这样，也就更能够容纳未来的冲击。

这是我认为中道最直接的作用。只要一个人实践中道，就会发现这方面的效果。

60　很诚恳解散自己的习气

有些朋友有扎实的专业训练，也许是医学、科学、企业、教育、政治、哲学……对世界的认识相当丰富，是公认见多识广、知识渊博的人。这样的背景，对修行是助力还是阻力？

这样的人，对人、对事、对世界很有一套，受到精英的训练，对任何事的分析和判断和一般人很不同，理所当然会得到重视。他看别人怎么思考和反应，也很容易看不惯。

无论东西方，这样的朋友都不少。尤其自行创业、经营企业的圈子，更是常见。

我通常观察到，在修行的前段，他的阻碍会非常大。他习惯对样样都有意见，强调任何事都要有一个对比、一个分别，也习惯很快做一个犀利的判断。这一来，他会把样样都带到理性的轨道上。首先头脑要动，要打开，要想通，他才可以接受。但是，这个强烈分别的过程，可能也排除掉很多常识，其中很多就是心灵上的。

等于说，我们在讲两个不同的意识轨道——相对、绝对。我们头脑五官可以处理、可以体会、可以讨论、可以理性化的，是相对。对他，相对的范围都是可以理解的，但绝对会有一点不理性的味道，超出相对的范围，也就很容易被他的理性给排除掉。

要过这一关，是非常难。

尤其现代发达的社会非常结构化，从经济、社会、教育……各层面把人框得很紧。绝大多数人很难跨过自己的出身，去接触到不同的想法、不同的生活方式。自己的成见，或讲好听一点是专业和见识，也就根本不会想到要放下。

愈是所谓好的出身、高学历、高社经地位……愈是如此。

我多年来也就是尊重——尊重每个人不同的随伴业、不同的成熟度，而没有觉得谁非得怎样不可。最多是提醒一下，这些背景、能力、条件其实是一种阻碍，在前面的阶段并不足以作为辅导我们、帮助我们的工具。

但是，一个人假如突然有一种打开的经验，通常是在行为上，比如说在公开场合突然发现自己可以很自在，可以轻松讲话，自然表达自己真实的想法，不需要很紧绷，不需要总是担心失礼，而是很幽默，可以拿自己开玩笑，不像华人总是有一点别扭——自己尴尬，别人也觉得尴尬。这种经验会为他带来一种解脱，他会发现自己原来不晓得活在哪一个世界，被自己的规矩绑住，被自己框起来。

有过这种放下身段的经验，而且不止一次好像换了一个人的经过，他可能对一切的看法都不同了，甚至对过去自己认定的基本常识也都推翻。他会发现所谓的常识根本不是常识，只是自己锁住自己，自己绑住自己。

这对华人是非常重要的。

所以，有时候我要带着大家笑一笑，笑自己，就是不要把自己当成那么严肃，把自己看得多么了不起。

从行为层面出发，我们连态度都有了彻底的转变，这时候，过去的常识、专业、能力、见识才不会继续成为一种阻碍，才不会成为小我抵抗的工具。反而我们顺着过去的专业，一方面可以养活自己，另一方面也可以作为一种逻辑的工具，可以带自己滑到整体，滑到绝对的范围。

这是我过去几十年所观察到的，可以分作两阶段来看，但通常前段就很难过关，再提后半，也就还太早。

我为什么要特别提出这一点？因为很多朋友有一些体悟，但是他们要了解 —— 自己出身成长的背景，包括家庭教育、专业训练、认同的文化、相信的价值……其实比较是阻碍，倒还不是一个工具。

这一点，是我们自己要去克服的。

我希望能很诚恳地表达这一点，不是为了批评谁或给谁泼冷水，而是希望每一个人读到这里，对自己认定理所当然的一切，能有一个机会反省而从里头走出来。

当然，走出来，并不是去抵抗或看轻自己的出身，这只会带来更强烈的情绪和念头的反弹，对我们没有帮助。

要消除这些障碍，只有用中道的方式，才可以把过去种种的习气，包括我们自以为的常识、自以为的正常、怎么去理解一件事、怎么解释、怎么应对……累积那么多的障碍全部都解开。

面对这一切，我们也只是友善地接受、接纳、臣服，它也就会慢慢自己解散。

61　简单的人，丰盛的生命

习气，是能量的组合。

这一生，我们所看到、体验到、活的，都离不开能量。

通过种种的方法和提醒，我们从饮食、呼吸、静坐、观想、朗诵、运动……着手，也就是希望建立一个基础，让我们可以把老旧、不再需要的能量放掉，而让宇宙带来的力量、恩典、支持、光进入我们的生命。

我们无论是追求解脱、幸福或丰盛，最多就是把过去的能量、制约、依赖或业力留下来的疤和结释放出来，而让生命充满了新的能量，活出新的习惯，建立新的回路。

当然，我们也可以说是通过这些练习建立一个神圣的空间。说“神圣的空间”，所表达的也就是新的能量。把旧的能量放掉，让新能量进来，我们已经在自我疗愈，已经在恢复。随时让新的能量进来，我们也就有了往前走的勇气，而带给自己安慰与疗愈。

一般人想到活得幸福和丰盛，联想到的通常是物质的层面，无论金钱、名誉、权力好像都是愈多愈好。但真正带给我们幸福的，并不是在这方面。我们在物质的层面累积愈多，反而可能带给自己更大的负担、更沉重的压力、更多的不满足。而且人类是生物，而生物本来就有享乐适应的机制——无论感受到多大的快乐，很快就都适应了，不再觉得那么好。甚至，接下来需要更多的刺激，才能达到同样的快乐。

反过来，如果不把物质层面当作全部的追求，那么我们这一生追求真实，而在物质层面还能养活自己，让我们不要烦恼，样样都很平安，那不是也很好？

我们想活出最佳的健康、最佳的生命、最佳的命运，一样要懂得把不符合我们现在价值观的能量放掉，让它化解。接下来，重新开始。这样子，我们也就不断懂得跟生命、跟宇宙接轨。

如果我们塞得满满的都是旧的能量，我们也不肯放手，连过气的衣物、不再使用的物品，都舍不得把它们送出去，那么，我们要怎么交换宇宙无限的能量，而新的能量怎么可能进来？

不光是东西舍不得放掉，我们许多时候注意力被锁定在眼前或过去的困难、受伤或烦恼。对工作、家里、关系、自己的生活……好像总有说不完的顾虑和心烦。我们假如要走出这种烦恼的状态，一样要懂得，先清理过去的能量结，才有空间接受新能量的流动。

抓着过去不放，这本身就违反从古到今都知道的一个生命的大秘密。过去有人将这秘密整理成一套学问，在华人的圈子称为成功学。我相信许多朋友都接触过，只是没想到这和生命的本质、生命真正的丰盛是相关的。

也是因为如此，我通过很多方法，希望陪着大家做能量的解散、习气的解构，化掉小我的障碍，让全部生命无限的光、无限的爱、无限的能量进来。我们才可以彻底转变，投入新的轨道、新的路径，让生命带着我们走，接触到生命全部的可能，甚至脱胎换骨，人生完全重新开始。

像是通过火的典礼、水的典礼带来的净化，让生命更大的力量帮助我们解散、解构、放下过去的模式和习性。

我们也通过呼吸，无论快、慢、温柔或激烈，就像是完整地去体验呼吸谱，来帮助我们达到一种解散和重新组合。其中，重生呼吸含着过度呼吸的作用，对我们释放积累在身心的老旧能量是特别直接、特别快的。

每个人来到这世界都有创伤，如果我们随时懂得通过呼吸来进行，用激烈的呼吸突破能量的阻碍，用温和的呼吸将身心带到一个舒畅的谐振，甚至懂得用闭气强化身心的韧性，也就得到了一种弹性、一种灵活性，让我们重新组合生命的可能，活出各式各样的潜能。

我们外表长什么样子，出生在怎样的家庭，有怎样的身份……不再是重点。面对重新来过的人生，我们的考验是怎么彻底活出内心——讲、做、想，全部是一致，做一个友善、快乐、幸福、圆满、随时喜悦、随时平安的人，活出真善美。

这才是我们真正的目的。

62　中道，随时带我们回家

无论静坐的八万四千法门，或浓缩到最后的止或观，参或臣服，一切心灵的静坐或是练习，讲到最后都是中道。

通过各式各样的方法，也只是希望我们可以跨过身心的局限，发现有一个境界，比过去痛苦而黑暗的状态有远远更大的力量。生出信心，信赖生命的力量，引导自己走出来。

每天只要有时间，我们通过重复再重复，练习再练习，随时为自己建立一个神圣的空间。最重要的是，我们感恩而诚恳，也会懂得怎么去庆祝，怎么去欣赏。

我们欣赏这个瞬间来，欢迎下个瞬间来，已经是一种庆祝的态度。一天下来，我们随时都可以庆祝——庆祝自己活着，庆祝我们就是生命，我们就是自己一直在寻找的一切。既然我们早就找到，也不用在别的地方再去找。

这样子，我们从早到晚都用这种提醒或超链接，随时将自己带到一个优美、优雅、正向、完美的境界，这是非常重要的。我们也才有一个空间，让过去的受伤可以慢慢自己消失。

是的，过去的受伤有时候还是会回来，一些负面的经过会重新浮出来。也许是白天清醒的时候，傍晚疲惫的时候，或夜里睡梦中，都可能。这时候我们就要问自己——So what? 即使如此，又怎样？难道还可能把我们带走？就算我们被难受给带走，接着想起来了，是不是又可以把自己带回来？

一波又一波的负面情绪、记忆和念头，我们可以当作是好转反应，通过中道来面对，让它一波波洗过去。我们不做抵抗，只是放松接受眼前的现象，它会慢慢减少的。

我们可以培养其他兴趣，在生活每个层面来支持自己，包括我一再带给大家的朗诵、运动、呼吸练习、音乐的疗愈、正向的提醒和肯定，随时回到自己靠得住的神圣的空间。饮食也是重要的帮助，特别在情绪起伏大的时候，多摄取一些脂肪，可以为感受和情绪建立一个缓冲的空间。

不知不觉，我们已经走过最困难、最黑暗的阶段，而只能高兴再高兴，庆祝再庆祝。

找到神圣的空间，本身就是回到这里现在、回到瞬间。我们的注意能休息在眼前的瞬间，这本身就化掉一切过去的创伤，将小我带来的习气、看不开的窝囊、心痛、心酸、创伤，全部化解掉了。

停留在这个瞬间，也就是中道可以随时带来的作用。我们可以随时回转到自己，自己就是瞬间。

中道，最后也就让一个人简化再简化，单纯化到一个地步，活在瞬间。像一个小孩子，动机跟行动全部是一致的，我们看他也就觉得很天真。走到最后，我们也会天真起来，变成像小孩子一样既幽默又可爱。

我们这一生全部都是通过“动”，而采用中道通过任何动作，包括念头的动、说话的动、身体的动，我们都可以做一个回转，发现真实和存在不是靠“动”，但是我们可以通过“动”找到“在”——把我们的注意从“动”转到一个叫作“不动”或是“在”的层面。

“在”，就是在这个瞬间。

我们会做那么多练习，就是因为我们都是初学者，都活在充满“动”的境界和状态。那要怎么去体会到“不动”“在”或“存在”的观念？

当然，我们要给自己一些宁静，用静坐、用各式各样的方法把宁静找回来。我过去带大家静坐、各式各样的练习或体验，让大家从这一生不断的动态中突然有一点宁静的味道。从这宁静中会发现，原来我们有一个东西远远比动态的层面更大。只是我们这一生被自己洗脑了，选择没有看到。

我们慢慢沉淀下来，开始成熟，也可以慢慢从动发现不动。等我们可以自己扮演这个带动中道的角色来进行，也就不需要不断地提醒。

但在初学的层面，我的出发点是先为大家争取时间。争取时间做什么？也就是从动找到一个东西不动，找到一个宁静的层面。

这种宁静当然会带来喜乐，带来平安，带来种种的特质。我们如果完全活出波罗蜜，有很多层面可以体会到这宁静，或是体会到瞬间、这里、现在、当下的味道。

练习：在吗？

一个人彻彻底底知道，就是觉，觉察到自己。

觉察，最多只是觉到什么？觉察到觉。

知为了知，知道什么？知道“知”。

在哪里？在，就在。

这时注意或觉，已经回到一个最基本的潜能、最源头的聪明。如果要形容它，也可以说是一个奇点，最根本的本能。假如我们勉强再勉强去描述，最多只是存在哪？存在自己。

知道什么？知道自己。

觉，觉自己。

在哪？在自己。

我们只能用这种很勉强的语言来表达。

但是，我们滑到这个最基本、最根本的机制，不再需要有二元对立，不再需要一个主体再加上一个客体来描述这种境界，而是可以单纯地在一个奇点。

它自己存在，就像是一个螺旋，螺旋到底，最后剩下什么？

只剩下自己。

它不再需要靠其他的机制，或是跟其他的基准比较来表达自己、让自己存在。它本身带有一切的可能、一切的依据，足以让自己存在。

通过中道，我们臣服到底。走到最后，自然发现是一片平安。在这平安的过程，有时候会浮出一点念头。这时候，可以用“在吗？”“还有事吗？”作为一个中道的提醒。

我们也可以选一句对自己比较有作用的话，像是“有话要说吗？”“还有可以想的吗？”“还有分别吗？”“还有什么不同吗？”“可以自在吗？”。

不用解释，不用理由，只要轻轻松松存在。

或是“在吗？”。

我们全部投入眼前的瞬间，点点滴滴活在身心，投入身心，没有顾虑、没有隔阂。

虽然只是短短一句话，我们成熟了，力道自然很不一样。

这种轻松的提醒，让我们进入真正的参，走上参的轨道。

一路走下去，也就没有回头路了。

“在吗？”

63　谦虚，再谦虚

我过去会用往地下挖洞的比喻，来说明意识成熟的过程有垂直深度的进展，也有水平的扩大，让我们的成熟度深化又变广。多年来，我们表面上在谈同一个观念、同一个真实，重复差不多的练习，但随着我们自身的成熟度不同，体会的深度和广度也就跟着不一样了。

毕竟就算我们理论上都懂，有些人可能认为自己见道，有非常透彻的领悟，但下个瞬间还是要回到世界。我在《定》中也提到，就是一个人很深地进入无思无想、完全没有念头的无想定，定了一万年那么久，早晚还是要回到世界。一回到人间，头脑还是会动，还是有念头、有烦恼。那么，再深、再高、再长时间的入定，究竟解答了什么？

我们是多个层面的组合，需要各个层面跟着一起转变。我总是觉得，到了这个地步更要加倍谦虚，要正视自己虽然懂，但不是在每个层面都能活出来——我们法身可能稍微点到了，但还没有贯通报身和化身。在思考和理解的范围得到一个彻底的变更，已经非常了不起。只是一遇到问题、困难和挑战，我们的情绪、生理乃至其他层面还是会被挑动。过去的烦恼和受伤，还是随时回来折磨我们。

这是我们每一个人的处境。

我也把握机会来强调中道的重要性，而且会提醒中道是带着一种友善、善意、正向的中立性来接纳世界，接待下一个瞬间。这样子重复练习，不断提醒、反省——见证、臣服、参，让我们通过眼前的理解和成熟度去体会、去面对。

即使我们一时做不到，失去“我－在”的视角，但通过这些练习和行为的转变，我们很容易踩稳脚步，重新跟上，回到一个中性的见证者。我们的练习和理解产生了一种良性的循环，带着我们走。有时候念头的转变走在前面，带着身心灵走下去。但有时候，没想那么多，从行为就完全符合而跟上了最高的理解、最终的领悟。

我们彻底顿悟，再回到这世界，也只是充满了友善的心情——大慈悲、大喜乐、大平安、大宁静——不可能不是如此。带着这样的心情，最多也只是做一个好人，活出波罗蜜，也就是圣人的境界。

我们回头看整个人类的历史，大圣人都是活出这些境界。通过他们个人的表现，彻底活出最高的领悟。

既然最终一定是这样子，我们从一开始的练习，就把最终的境界带到最前面，带到初学，肯定宇宙，肯定周边，肯定自己，肯定一切。我们用一种友善的态度来面对世界——感恩、肯定、包容、接纳、忏悔、祈望、反馈——用这些方法为自己争取时间，随时从浮动的现象回转到自己、观察到自己。

我们随时可以做个见证者，同时把最友善的层面带到人间，也就把习气点点滴滴改过来了。包括行为层面的习气，也包括情绪和思考层面的制约，全都一起改了。

我们假如懂了，而且实际活出来，圆满而完整地做到这里，自然不再有人生的种种担心，更不要说还受到创伤的影响。

样样都好，是宇宙带着我们走下去，点点滴滴活出生命全部的可能。

这是我们共同的成就，而完全值得一起大大地庆祝。

庆祝的方式，也只是随时通过练习活出我们的领悟。在各个层面，活出我们新的常态、新的正常。

64 在－觉－乐，欢喜而彻底解脱

许多人接触修行是经过非常多的痛苦，就好像一生都在人间流浪，再亲的人也不明白他们在想什么，不晓得他们的痛苦在哪里、他们安定不下来的原因是什么。好像他们自己非要独自走一条别人不肯走的路，充满创伤、充满痛苦、充满失落。

这样的人并不需要同情或可怜，是这样，他们才有机会下决心，充满坚定心，把样样变成工具、变成他们前进的燃料，而可能彻底醒过来。

人生就是这么有意思，在最困难的情况下，我们反而可以找到一把钥匙，可以找到一个解脱的工具，可以找到祝福和恩典。这一点，看我们自己是不是可以信得过。

前面提过印度吠檀多派谈的 *Nama, Rupa, Sat, Chit, Ananda* —— 名称（分别）、形相、在、觉、乐，前两个也就是人间比较粗重，通过感官和头脑组合的名相，而我们只是把注意力稍微从具体的名相挪开，或用全部生命系列的表达会说“从相对的层面挪开”，那么绝对的特质 —— 在－觉－乐（*Sat, Chit, Ananda*）也就浮出来、爆发开来。我们享受在－觉－乐，随时停留在定的境界，在涅槃，在喜乐。而且，这种喜乐是大喜乐，大平安，大慈悲。

我们有无明，注意力完全被名相遮住，有那么多分别的观念，活在充满隔阂的境界，才有那么多痛苦。将注意力从名相挪开，在－觉－乐完全是自然的结果。并不是我们找到它，我们只是把眼前的面纱挪开，真实也就浮出来，而活出它自己。真实，我们所讲最高的心境，也就是吠檀多派在讲的梵、梵天、神，基督宗教的主、神、上帝。我们跟神、主、上帝、梵天、真实，是分不开的。

采用中道，我们不光是臣服，而还是带着友善的中立性，回转到自己来看世界。到最后，我们已经样样都接受，样样都看开，样样都可以接纳、可以肯定、可以感恩。这时候，没有什么分别和名相好谈，也没有五官带来的烦恼，就连什么是念头、什么叫作感受……这些，我们老早臣服了。任何现象，都臣服，都放过了。脑海里面，像水干干净净的，里头有一点灰尘沉淀，都看得很清楚。

我们在一种很清楚的心境，如果有任何念头激起了一点波浪、一点涟漪，也许刺激我们或不刺激我们，我们看得清清楚楚，这就是参。

在这里，还有什么要练习？要反思？还有什么忙不完的追求？做不完的责任？

全部，一片平安。都是一样的。

我们走到最后，庆祝、欢喜、喜悦都来不及，还会想追究什么问题？

老早都过去了。

回到这一生，接下来就好办了——想做什么，就做什么。旁边有人需要帮忙，就去帮忙。虽然清楚知道世界是个大幻觉，但我们还是可以协助。看到任何痛苦，不会去分析它是虚的还是不虚。样样对我们都一样，还是能救一把。

落在这种大欢喜、大喜悦、大涅槃，我们只可能做一个好人，承担圣人的境界。圣人的行为，变成我们的正常——每一个动作、每一句话、每一个念头，都是友善。

这样，还有什么练习可谈的？我们称为菩萨道或波罗蜜的这些练习既然是新的日常，早就不能称为练习。这方面所有的矛盾，也跟着消失。

65 舍离是自然的结果

我们走到最后会发现，好像和过去的朋友、社交的圈子断联了，甚至连家人的关系也淡了。过去的大圣人，释迦牟尼、耶稣、禅宗的菩提达摩祖师、六祖……到近代的拉玛那·马哈希也是如此，没有一个例外。

这种经过，是必须的。

有时候我会听到一些朋友在分享，强调他们即使修行还是有很好的家庭生活。这时我难免会愣住，知道他们内心还没有走到一个地步，才会这么说。

我们走到最后，把样样极简再极简，都单纯化，不可能在关系上不这么做。会走出家庭和亲情，并不是因为家庭和亲情有什么特殊的属性必须避开，刚好相反，正是因为样样都是一样的，也就自然平等化，没有了男女的分别，也没有亲疏远近的分别。过去一切经验跟未来可能的经验都是平等的，不可能有什么东西舍不得。

像菩提达摩是西域（现在的中亚波斯、印度一带）一位国王的第三个儿子。他放下王子的身份，将禅带到中国，待在少林寺附近的山洞对着墙壁静坐九年，一句话都没有说，直到弟子出现。

这种舍离的心是自然到一个地步，从别人的角度来看是放弃一切。释迦牟尼也是放弃身份、放弃家庭。这些大圣人很早就体会到一切是无常。这一生来不是为了再有一个家庭，享受舒适和亲密，也不是为了满足身体的需要，得到饮食和男女的欢喜，而是为了更大的一个目的，也就是解脱。

他们知道这一生来不是为了在人间建立或延续某一个关系，而已经建立的关系也会脱落。六祖 20 岁出头，做了简单的安排，让母亲生活有着落，然后就出家了。拉玛那 · 马哈希 16 岁把家庭的关系切断，独自前往圣炬山，他甚至还没有进入社会，就离开了。

这很不容易，是一个人准备得差不多，成熟得差不多，才会这样子。

我们一般人成熟得比较慢，通常会经历成家生子的过程。但有意思的是，到了一个地步一定会发生一些事，让我们早晚要放过这个舒适的圈子。

首先我们可能发现跟身边的人不再那么谈得来，自己也不想跟别人闲聊，对人间相关的事不那么感兴趣。接下来或许家里会发生一些事，也就走到分手或独居的状态。好像宇宙早晚会安排，带我们到这里。

根据我这几十年的观察，这是避不开的。我们成熟到一个地步，会发现连最亲的伴侣、父母、孩子都不可能同时在同一个轨道，甚至可能阻碍彼此而早晚各过各的。就好像时候到了，彼此都需要重新组合人生的价值观念，走上不同的路、拥有不同的命运。如果还要说有什么差别，也只是有些人很年轻的时候就舍离，有些人晚一点。慢慢成熟了，生命带来这样的安排，让我们自然浮现出家的念头。

从社会一般的角度，会觉得这样的人非常奇怪，甚至会觉得是异常。但是当事人清楚得很，别人怎么看根本也无所谓。社会的判断或期待不再重要，完全可以轻松脱落。

他还在这世界，心灵已经出家了。

66　孤独，并不孤单

我们走上中道会发现，这一生是否符合社会的期待，已经愈来愈不重要。社会重视的价值观，好像跟自己无关。我们很清楚这些价值观念是人为的产物，只是人养成、坚持的一些看法，完全是人想的，是人的规则。

走到这里，我们会发现自己是孤独的，或从别人的角度来看是孤独的，但对我们反而是最自然的状态。

我们会不知不觉走出自己的一条路，与别人无关，也不需要别人的同情、同意或赞成。我们能独自承担起自己的责任，发现自己非常自在，甚至可以说自己就是最好的伴侣，不需要别人，不需要其他东西，连陪伴都不需要。

到最后，有没有伴侣都是一样的。

如果我们能很正向回到中道，回到真正的自己，会发现一直在找的是无条件的快乐。不管是爱、伴侣，还是其他追寻，所反映的都是无条件的喜悦和自在，而这可能是我们一生最深刻的目标。

即使独自住在孤岛，身边没有人，也依然活出自己高贵的本质，活出贵族的风度。我们充分接受自己的陪伴，甚至能欣赏自己。

这样，我们在根本的层面上，完全成为自己。我们会有一些自己的看法、想法和价值观，心里明白这与别人无关，也不认为需要争取别人的同意或赞同，或需要与别人分享。

这已经走上了一条闭关的路，是一个人的修行，是单独的修行。

这时候，表面看起来很重要的闲聊、互动或谈话，对我们好像没有多大意义。原本重视的话题，对我们不再重要、不再相关。

闭关是最自然的一个现象。

许多人拿自己的人生规划来问我，像要不要闭关、是不是选择这条路或那条路。我的看法和一般的观念往往是彻底相反——对我，这条路完全是自然的，并不是说我们还没克服互动的需要和情绪的波动就勉强自己去闭关，才是诚恳修行。而且，既然是生命带着走，也并不是我们自己去费力计划、安排闭不闭关，或刻意选择某一条路、某一种用功的方式。

不是这样的。

跟着生命走，我们也可能不是闭关，而是在某个角落为社会、国家或理想奋斗。但和过去不同的是，这些理想已经与个人无关。甚至，连人类认定的重要不重要、多悠久的文化、多先进或落后的文明……跟我们也不相关。我们也可能选择一条没有人想走的路。选择什么，根本无所谓。我们不在乎是不是要符合社会的期待，也不在意别人同情不同情、支持不支持。

走到这样的境地，最有意思的是，我们反而会发现自己能够活出最高的境界，也就是波罗蜜。

这条波罗蜜的路不是为了示范给别人看，甚至不是为了让人得到好处，也不是为了让别人支持或认同自己。我们活出这样的生活，只是为了自己，因为这条波罗蜜的路符合个人的领悟。

再一次，这可能又与大家的想法颠倒。

67 简化再简化，活出真善美

依赖，本身就是声明业力——不断建立并重复过去的回路。这就是我们的依赖或制约，而都是一种习气。

我们对人间的依赖性，无论是对人、事、物或对某个观念的依赖，可以说都是我们过去或应该活出的业力蓝图被展开，或说是承担过去的业障，而跟这一生的业力分不开。

我们通过不同的依赖决定我们的个性，决定对人、对世界、对自己、对样样的态度，决定喜欢这个、不喜欢那个。人生点点滴滴的选择，完全反映了自己的依赖性。

这一生如果可以打断依赖性，让命运得到彻底的转变，其他的层面也就重新开始。表面上我们只是放过了某个关系或某个执念，却已经对过去的业力做一个很大的转变。而这个转变的方式，最多只是回到自己、回到内心。

我们对眼前的瞬间带来的考验和内容，不再那么在意。通过任何内容，都可以让我们回转，将注意力从外在转回最源头的聪明。这样一来，瞬间带给我们的考验和冲击会慢慢淡化。

我们早晚会发现生命的内容并不是那么重要——好坏、高低、喜事或不幸，这些内容都只是一个机会，让我们可以回转，而自然发现对瞬间的内容“麻木”，好像有了一种抵抗力。

我常常讲“immune to the present moment”，逐渐建立起对当下、对眼前这个瞬间的“免疫力”。无论眼前是好、是坏、是喜、是忧，对我们都一样了。这时，我们的生活也变得简化。人变得简单，讲和想和做完全是一致。头脑也没有多少杂念。

我们真正实践中道，最终的结果就是这样。不仅随时活出菩萨道，而且变成一个很简化、很简单、单纯、天真的一个人。

从生活任何一个角落都可以开始——我们可以保持身边环境的干净和整齐，随时有一种自律和风度，不需要别人为我们善后。穿着打扮不需要过度强调，而是保持自己的整洁与舒适，反映内心的真善美。吃饱，吃好，身心得到满足与舒畅。精神饱满，人很容易快乐起来。通过适当的运动、睡眠和呼吸，为自己带来最佳的健康。

用这种方法，我们逐渐转变这一生的业力。

最后，我们还是活出一种极简的生命。每个生活习惯都可以简化，简化到一个地步，我们随时发现什么都不需要去靠、都不需要依赖。无论对人、对自己、对一个习惯、对任何物质的层面，都可以不受制于原本的依赖性。

我们可能会非常惊讶，原来自己需要的东西是少之又少。愈简单，反而活得愈清晰、愈踏实，勇敢活出生命最高的价值。

将人生简化再简化，也就活出生命真正的美。

还有什么东西，比这更重要？

结语：一生的朝圣

这本《走向心的道路》是为了少数再少数的人而写。在人间，这种少数就像西方传说的独角兽、东方神话的凤凰和麒麟，是稀有再稀有，难得再难得。毕竟我们如果完全不需要依赖别人，自己走出一条最高的路，那么这条路不只是少有人走的路，还会是一条最少人走的路。

这是一条孤独的道路，但它是一条友善的路。这种友善，不是为了任何条件或是别人的看法，而完全是出自自己的选择。我们走下去，会感到无比的快乐。

但坦白说，有勇气或傻气选择这条路的人还是相当稀少，他们会需要一些指引完成这个旅程。我想，这是我这一生可以扮演的角色。

是抱着这样的心情，来写《走向心的道路》。

写到这里，想起我的父母令人难忘的爱心、付出和服务的精神。他们的友善、无私和关怀，恐怕是我这一生难以达到的。

从小，我感觉自己和别人不一样，无论是看法、记忆、学习的能力都不同。当时还不懂，现在才逐渐体会到——我的母亲相当坚定，一方面保护我，怕我吃亏或受到不妥当的对待；另一方面，她提供了一个环境，接受我和别人不一样，让我培养出自己的独特性，也可以接受别人和自己的不同。

我父亲是一个单纯的人，他是工程师，也是学者。他们两位一路吃了很多苦，本来都出生在富裕的家庭，为了时代的动荡从中国大陆流浪到中国台湾，再移民到巴西。他们都见识过生活的风浪和波折，却依然选择最高的道德、最友善的道路，尽力帮助身边的人。哪怕遇到再大的困难，也没有动摇。

我在《奇迹》中讲过，父母为我带来一种人生的榜样。他们这一生完全没有受到污染，没有做过任何伤害人或是违反道德的事，身边总有数不完的朋友，而自己就像小孩子很天真随时在服务、协助人，全部念头都是善意的。

这种稳定性影响了我一生，我从小就认为他们像天使降临到人间来保护我，只是身上没有天使的翅膀而已。

他们教我学会谦虚。现在回头想这一生的经过，我也只能感激再感激。

成年后我才发现，许多人关心的是别人可以为自己做什么，而不是自己能为别人做什么。许多拥有财富、名气和地位的人，往往不快乐，缺少谦虚，缺乏道德的引导，生不起柔软仁慈的心，生活充满不愉快。就连一些修行的老师和大师，也往往对人不友善，缺乏谅解，有不合理的要求，带来一连串冲突，让周围的人也感受到纷扰，而难以平安，没有安全感。

这当然会让我去思考——为什么人即使拥有一切，仍然无法感到快乐？快乐究竟有没有条件？还是生命本来就有一种无条件的快乐，只是人类难以选择？

能完成《走向心的道路》以及“全部生命系列”的其他作品，是我怎么也没想到的。

这一生竟然有这样的机会，把未来佛、未来基督的妙胜智大法门或唯识，这样一套完整、完美的法，点点滴滴跟大家分享。我最多只能充满了感恩，再三感谢弥勒佛、基督带着我完成这一生的朝圣。